Anhand einer Systematik der Institution Internat wird in diesem Buch herausgearbeitet, dass Erziehung und schulisches Lernen in umfassenden sozialen Systemen stattfinden und entsprechend analysiert und erprobt werden müssen. Das Internat als soziales Miniaturabbild einer Gesellschaft bietet sich dabei als idealer Experimentierraum an.
Annette von Rantzau, Gymnasiallehrerin, Initiatorin und Leiterin dieses Modellprojektes beschreibt, wie ihr integrativer Ansatz den modernen Erkenntnissen der Lernwissenschaft, Neurowissenschaft und Psychologie verpflichtet ist und in die pädagogische Welt des Rohlstorfer Internats transferiert wurde. Eine exzellente Anregung für alle, die sich mit Kompetenzlernen und ganzheitlicher Persönlichkeitsentwicklung von Schülern und Jugendlichen auseinandersetzen wollen.

Annette von Rantzau hat in Bildungskommissionen mitgearbeitet, ist Mitglied im Integrationsbeirat des Hamburger Senates, Vizepräsidentin des Hamburger Roten Kreuzes und leitet seit 2003 das Internat Schloss Rohlstorf.

WIR MÖGEN DICH SO, WIE DU BIST

PASSAGEN PÄDAGOGIK

Annette von Rantzau
Wir mögen dich so, wie du bist

Stärken stärken und Schwächen schwächen in der Gemeinschaft

Passagen Verlag

Deutsche Erstausgabe

Die Deutsche Nationalbibliothek verzeichnet diese Publikation in der Deutschen Nationalbibliografie; detaillierte bibliografische Daten sind im Internet über http://dnb.ddb.de abrufbar.

ISBN 978-3-85165-886-6

www.passagen.at
Satz: Passagen Verlag
Grafisches Konzept: Ecke Bonk
Druck: Manz Crossmedia GmbH & Co KG, 1051 Wien

Inhalt

Vorwort

Reformstau – Reformwut – übereilte Reformen – missglückte Reformen gegen den erbitterten Widerstand von Eltern und Lehrern – was ist los in Deutschlands Schulen? Haben wir wirklich den angeprangerten „Erziehungsnotstand"?

Als Mutter, als Lehrerin, als Bürgerin bin ich der Meinung, dass es in einem reichen Land wie Deutschland nicht sein kann und vor allem nicht sein darf, dass jedes Jahr 80.000 Kinder die Schule ohne Schulabschluss verlassen. Dass es nicht angeht, dass begabte und hochbegabte Kinder oftmals von öffentlichen Schulen verwiesen werden, weil sie aufgrund von „Verhaltensauffälligkeiten" nicht mehr beschulbar seien – und das nur, weil ihre Begabungen nicht erkannt wurden. Dass es nicht tragbar ist, dass Kinder aus „bildungsfernen Familien", wie es politisch korrekt heißt, oder Kinder aus Migrantenfamilien nicht ihren Begabungen und Fähigkeiten entsprechend gefördert werden. Aufgrund meiner vielfältigen Erfahrungen als Leiterin des Internats Schloss Rohlstorf in Schleswig Holstein komme ich zu der Überzeugung, dass all dies nicht sein muss.

Bei Eltern, Erziehern und Lehrern macht sich Unsicherheit breit und von allen Seiten hört man pauschale Forderungen nach besseren Schulen, mehr Lehrern, mehr Investitionen in Bildung. Jeder, der selbst in die Schule gegangen ist, glaubt von Erziehung und Schule etwas zu verstehen und mögliche Lösungen aufzeigen zu können – nur wie sich das in die Praxis umsetzen lässt, ist selten zu hören.

Doch um zu verstehen, weshalb Schule für viele zu einem so schwierigen Thema geworden ist, muss man in größeren Zusammenhängen denken. Die Formen des Zusammenlebens in unseren westlichen Gesellschaften haben sich verändert. Wir tolerieren unterschiedlichste Lebensgemeinschaften, in denen unsere Kinder aufwachsen, erwarten aber gleichzeitig die Akzeptanz der jeweils verbindlichen Werte. Selbst in traditionellen Familien leben heute nicht mehrere Generationen zusammen, deren selbstverständliche Weitergabe von Werten eine Orientierung für Kinder erleichtert. Über verbindliche Formen des Umgangs untereinander herrscht in vielen Lebensgemeinschaften keine Einigkeit. Das unvermittelte Nebeneinander unterschiedlicher Wertvorstellungen und Verhaltensweisen, das sie zu Hause und in anderen Gemeinschaften erleben, führt für Kinder oft zu einem Gefühl von Unüberschaubarkeit und Beliebigkeit, eine Unsicherheit, auf die sie nicht selten mit Trotz und Bockigkeit reagieren. Schule kann deshalb nicht davon ausgehen, dass die allgemeine Sozialisation im Elternhaus stattfindet und sie nur noch für die Vermittlung von Wissen zuständig ist, sondern sie muss Orientierung für die Gesamtentwicklung eines Kindes ermöglichen.

Meine Erfahrungen im Internat Schloss Rohlstorf haben mich gelehrt, die Bedeutung von Gemeinschaft für die Persönlichkeitsentwicklung zu erkennen: Erst in einer größeren Gemeinschaft, sei es einer Ganztagsschule oder einem Internat, können Kinder und Jugendliche in ihrer gesamten Persönlichkeit gefördert und gefordert werden. Ich habe in Hunderten von Fällen erlebt, dass sich Kinder und Jugendliche in einer von erwachsenen Experten gelenkten gemeinschaftlichen Erziehung positiv entwickeln und eher bereit sind, Werte und Normen unserer Gesellschaft als verbindlich für ihr Handeln zu akzeptieren. Ich bin überzeugt, dass es möglich ist, jedes Kind, ganz gleich, aus welcher sozialen Schicht oder aus welchem kulturellen Milieu es stammt, zu einer lebenstüchtigen, selbstbestimmten und verantwortungsvollen Persönlichkeit zu fördern, so wie es der vom Grundgesetz eingeforderte Erziehungsauftrag unserer Gesellschaft vorschreibt. Die Philosophie des Internates Schloss Rohlstorf lautet deshalb auch:

Wir mögen dich so wie du bist, wir vertrauen auf deine Fähigkeiten, wenn du uns brauchst, sind wir da, versuch es zunächst einmal selbst. (Karl-J. Kluge/Eva Kluge)

Neben der Gemeinschaft möchte ich noch einen zweiten Faktor hervorheben, dessen Einfluss auf die Entwicklung der Persönlichkeit, aber auch auf das fachliche Lernen mir im Internat Rohlstorf jeden Tag ins Auge sticht: Immer wieder höre ich von oftmals sehr erfolgreichen Erwachsenen, welche Qual für sie die Schulzeit bedeutete. Wenn ich dann nachfrage, ob es nicht doch ein Fach gegeben habe, an das sie sich gern erinnern, heißt es meist: „Ja, ein Lehrer mochte mich und ich ihn, deshalb habe ich in diesem Fach gern gelernt." Es scheint also möglich zu sein, dass Lernen eine freudvolle Bereicherung für Kinder und Jugendliche ist. Doch die Voraussetzung für Freude am Lernen sind engagierte Lehrer, die bereit sind, Kindern und Jugendlichen mit Wertschätzung, Akzeptanz und vor allem mit Herzenswärme zu begegnen. Ich habe das Glück, mit vielen solchen Lehrern und Erziehern zu arbeiten, die sich nicht entmutigen lassen in ihrem unermüdlichen Einsatz, die sich mit ihrer ganzen Person einbringen in ihre verantwortungsvolle Aufgabe, die Rückschläge durch Reflexion über das eigene Handeln überwinden und die daran glauben, dass Erziehung gelingen kann nach dem Motto: Keine Erziehung ohne Beziehung. (Karl-J. Kluge/Eva Kluge)

Ich habe mich entschlossen, dieses Buch zu schreiben, um etwas von dem weiterzugeben, was wir im Internat Schloss Rohlstorf gelernt haben und jeden Tag weiter lernen: durch tägliches Erproben und ernsthaftes Hinterfragen und vor allem durch die intensive, echte Auseinandersetzung mit den Kindern und Jugendlichen, die selbst unsere besten Lehrmeister sind. Ihnen allen gilt mein ausdrücklicher Dank.

François Rabelais hat einmal gesagt: „Kinder sind keine Fässer, die gefüllt, sondern Flammen, die entfacht werden wollen.“ Von ihrem Feuer hängt unsere Zukunft ab.

Leben lernen.
Schule und Bildung im
21. Jahrhundert

Non scholae sed vitae … Aber was sollen wir für das Leben lernen?

Was sollen wir eigentlich in der Schule für das Leben lernen? Ein Kind, das in der Gemeinschaft der Tuareg in Afrika aufwächst, wird wahrscheinlich andere Dinge für das Leben lernen müssen als ein Kind in Deutschland. In ursprünglichen Kulturen ist die spätere soziale und berufliche Rolle oft allein durch das Geschlecht vorherbestimmt, bei einer deutschen Familie ist es dagegen nicht unbedingt vorhersehbar, ob ein Neugeborenes, egal welchen Geschlechts, später einmal Mechaniker, Bankkaufmann, Tierarzt, Lehrer, Krankenpfleger, Handwerker, Polizist, Ingenieur, Orchestermusiker, Rechtsanwalt, Reiseleiter oder Übersetzer wird. Männliche und weibliche Heranwachsende in modernen Gesellschaften haben die Freiheit, aber auch das Problem, ihren Platz mehr oder weniger in Selbstbestimmtheit entsprechend ihren Talenten und Neigungen zu suchen. Während sich in traditionellen Gesellschaften der Übergang vom Kind zum Erwachsen oft abrupt vollzieht und die jungen Menschen, oft über ein Ritual, in ihre vorbestimmte Rolle befördert werden, ist die Findung der persönlichen wie beruflichen Identität in modernen Gesellschaften das zentrale Thema der sich an die Kindheit anschließenden Jugend – wobei diese Identitätsfindung auch mit Erreichen des achtzehnten Lebensjahrs in vielen Fällen noch längst nicht abgeschlossen ist. Die Befunde der entwicklungspsychologischen Forschung legen nahe, dass sich die geistigen Fähigkeiten, welche zu einer selbstbestimmten persönlichen und beruflichen Orientierung notwendig sind, wie beispielsweise das abstrahierende Erfassen von Sinnstrukturen im Hinblick auf Politik, Wirtschaft oder Moral oder die empathische Ein- und Übernahme unterschiedlicher Rollen und Perspektiven erst nach der Pubertät hinreichend entwickeln.[1]

In einer modernen Gesellschaft kann es somit nicht die Aufgabe von Eltern oder Lehrern sein, den Heranwachsenden auf eine bestimmte soziale oder berufliche Rolle vorzubereiten, indem man ihm in hohem Maß spezialisierte Kenntnisse und Fertigkeiten vermittelt. Bereits Jean-Jacques Rousseau wendet sich in seinem 1762 erschienenen *Emile* gegen eine zu einseitige und frühzeitig spezialisierende Erziehung und Bildung:

> Wenn der Mensch immer in seinem Lande verhaftet bliebe, wenn immer das gleiche Wetter herrschte, wenn niemand seinen Stand wechselte, so wäre die bestehende Praxis in gewisser Hinsicht gut. Das Kind, einmal für seinen Beruf erzogen, brauchte ihn niemals mehr zu verlassen, und wäre niemals den Unbequemlichkeiten eines anderen ausgesetzt. Aber die Verhältnisse ändern sich ständig, der Geist des Jahrhunderts ist unruhig und stürzt von Generation zu Generation alles um. Ist es daher nicht unsinnig, ein Kind so zu erziehen, als bräuchte es sein Zimmer niemals zu verlassen, als bliebe es immer inmitten seiner Leute? Wenn das unglückliche Geschöpf auch nur einen Schritt ins Freie tut, wenn es eine Stufe herabsteigt, ist es verloren. So lehrt man es nur, Leiden zu empfinden, aber nicht, sie zu ertragen. ... *Leben ist ein Beruf, den ich ihn* [meinen Schüler; A. v. R.] *lehren will.* Ich gebe zu, dass er, wenn er aus meinen Händen kommt, weder Anwalt noch Soldat noch Priester sein wird, sondern in erster Linie Mensch. Alles, was ein Mensch zu sein hat, wird er so sein wie jeder andere auch, und wenn das Schicksal ihn zwingt, seinen Platz zu wechseln, er wird immer an seinem Platz sein.[2]

Wenn diese Zeilen schon für das Frankreich des 18. Jahrhunderts zutreffend waren, wie viel mehr sind sie es für die heutige Zeit! Denn durch den Wandel in der Arbeitswelt von der Industrie- zur sogenannten Wissensgesellschaft sind Rousseaus Forderungen aktueller denn je – „Erziehung zur Flexibilität“ könnten wir sein Programm heute nennen. In der Wissensgesellschaft hängt der Erfolg eines Unternehmens entscheidend von der Fähigkeit nicht nur der führenden, sondern aller Mitarbeiter ab, sich in kompetenter Weise Wissen anzueignen, mit diesem selbstbestimmt umzugehen und selbst neues Wissen zu generieren. Weiterhin verlangt ein gestiegener gesellschaftlicher Bedarf an wissensintensiven Dienstleistungen in Form von Beratung, Service, Entwicklung, Marketing zunehmend nach kreativ im Team arbeitenden Innovatoren statt nach fremdbestimmten Befehlsempfängern. „Die erwünschten Qualifikationen beinhalten Gesprächs- und Beratungskompetenzen, Rhetorik sowie geeignete Konfliktlösungsfähigkeiten und es werden Führungsfähigkeiten gefordert, die die Eigenverantwortung, Kreativität, Arbeitszufriedenheit und Motivation der Mitarbeiter erhalten beziehungsweise steigern“, schreibt der Kölner Lernforscher und Berater des Rohlstorfer Internats Karl-J. Kluge.[3]

Für Bildungsinstitutionen, die auf die beruflichen Anforderungen der Zukunft vorbereiten wollen, ergibt sich hieraus die Aufgabe, den Lernenden Selbständigkeit beim Lernen zu vermitteln, also beispielsweise die Kompetenz, sich selbst Wissen anzueignen, aber auch die Fähigkeit, in Gruppen und Teams zu lernen und zu arbeiten.[4] „Überzeugungen und Haltungen werden nicht vererbt, sondern müssen im Menschen selbst heranreifen“, fasst Karl-J. Kluge den darunter liegenden Gedanken zusammen.

Vor einiger Zeit sprach mich während einer Zugfahrt eine Mitreisende auf das Buch *Theorie und Praxis der antiautoritären Erziehung - das Beispiel Summerhill*[5] an, das ich im Zusammenhang mit meiner Auseinandersetzung mit progressiven Bildungseinrichtungen las. Sie sagte, sie habe dieses Buch während ihrer Ausbildung zur Erzieherin mit Begeisterung gelesen – wie viele andere junge Erzieherinnen und Lehrerinnen damals auch. Leider habe sie dann aber im späteren Berufsleben die Erfahrung machen müssen, dass sich Neills Ideen kaum umsetzen ließen. Ich machte mich nun schon darauf gefasst, dass meine Reisebekanntschaft sogleich das *Lob der Disziplin*[6] anstimmen würde. Dies blieb zugunsten einer differenzierteren Stellungnahme aus. Meine Begleiterin sagte, die Umsetzung von an sich guten pädagogischen Ideen würde durch die Strukturen der heutigen deutschen Gesellschaft sowie des deutschen Erziehungs- und Bildungssystems sehr erschwert. Dies fange damit an, dass das ungünstige zahlenmäßige Verhältnis von Betreuern und Kindern in Kindergärten oder Heimen zu einer völligen Überlastung der Erzieher führe. Es sei aber nicht allein der ungünstige Betreuungsschlüssel, der zu dieser Überlastung führen würde, sondern noch mehr die Vielzahl der individuellen Probleme, welche die Kinder und Jugendlichen den Institutionen aufbürdeten, wie etwa Hyperaktivität oder die mangelhafte Beherrschung der deutschen Sprache. Meine Reisebekanntschaft sagte, in ihren Augen sei auch die Rückkehr zu einer mehr autoritäts- und disziplinorientierten Pädagogik keine angemessene Reaktion auf die heutigen gesellschaftlichen Verhältnisse. Da ihre Familie bedingt durch die Berufstätigkeit ihres Mannes schon häufig den Wohnort gewechselt habe, hätten ihre Kinder schon etliche Schulsysteme ausprobieren können. Insbesondere der Wechsel vom „freien“ Hannover ins „autoritäre“

Bayern sei für sie und die Kinder ein Schock gewesen. Ich wendete ein, dass doch gerade das Land Bayern bei der PISA-Studie unter allen Bundesländern das beste Ergebnis erreicht habe. Meine Gesprächspartnerin berichtete daraufhin vom ersten Schultag ihrer Tochter in Bayern: Mit betrübtem Gesicht sei die Kleine aus der Schule heimgekehrt und habe erklärt, sie wolle nicht mehr in diese Schule gehen, denn die anderen Kinder da seien alle „tot". Auf die Frage hin, was sie denn mit „tot" meine, habe die Tochter ausgeführt, dass die Kinder alle unbeweglich da sitzen und keinen Ton von sich geben würden. Es heiße ja, fuhr meine Begleiterin fort, dass wir nicht für die Schule lernen sollen, sondern für das Leben. Aber wie könne denn eine Schule auf das Leben vorbereiten, wenn die Schüler dort derartig gedrillt würden, dass ihnen (zumindest im Unterricht) jegliche Lebendigkeit abhanden komme?

Umfassende Erziehung - Bildung für den ganzen Menschen

Bei der Beobachtung des alltäglichen Schulbetriebs ist es zwar kaum zu erkennen, dennoch ist es in den Schulgesetzen aller deutschen Bundesländer deutlich formuliert: Schulen sollen in Orientierung am Grundgesetz in erster Linie die Entwicklung von Kindern und Jugendlichen zu lebenstüchtigen, selbstbewussten und verantwortungsvollen Persönlichkeiten fördern. Auch wenn die Gesetze den Eltern im Vergleich zu den Schulen mehr Verantwortung und Entscheidungsgewalt zusichern, haben die Schulen im Hinblick auf die grundsätzlichen Erziehungsziele einen sehr ähnlichen Erziehungsauftrag wie die Eltern. Eltern und Schulen sollten sich also gemeinsam darum bemühen, Kinder und Jugendliche durch eine umfassende Erziehung in ihrer Entwicklung zu unterstützen.

Über die Frage, welche Bestandteile eine umfassende Erziehung aufweisen muss, um die Entwicklung von Kindern und Jugendlichen zu reifen und mündigen Erwachsenen zu fördern, machen sich seit der Antike Philosophen, Pädagogen und Wissenschaftler Gedanken. Ich stimme mit dem Kölner Lernforscher Professor Karl.-J. Kluge in der Ansicht überein, dass es für einen Heranwachsenden drei große Herausforderungen auf seinem Entwicklungsweg gibt, aus denen sich entsprechende Erziehungs- und Bildungsaufgaben ableiten lassen:

1. Er muss sich in der physikalischen Realität zurechtzufinden können (Realitätsbefähigung);
2. er muss mit anderen Menschen Beziehungen eingehen können (Sozialbefähigung) und
3. er muss seinem persönlichen Leben einen Sinn geben können (Individualbefähigung).[7]

In ähnlicher Weise wie Karl-J. Kluge unterscheidet Hartmut von Hentig[8] praktische Bildung (was dem Menschen ermöglicht, in seiner geschichtlichen Situation zu überleben), politische Bildung (was dem Menschen ermöglicht, mit anderen friedlich und gesittet in Gemeinschaft zusammenzuleben) und persönliche Bildung (was der Mensch aus sich und seinem Leben zu machen versucht). Neben kulturellen Techniken und geistigen Fertigkeiten sollten Kindern und Jugendlichen in der Erziehung also auch soziale Fertigkeiten sowie sinnstiftende und wertebildende Erfahrungen vermittelt werden. Eine einseitig auf die Aneignung von Wissen und Schulung des Intellekts ausgerichtete Erziehung würde demgegenüber die gesunde und wünschenswerte Gesamtentwicklung der Persönlichkeit gefährden, zumal nach aktuellen Erkenntnissen der wissenschaftlichen Forschung geistige, soziale und emotionale Entwicklung in hohem Maße miteinander verbunden sind.

Gerade die zuletzt genannte Erkenntnis aber macht es unabdingbar, dass die von vielen für selbstverständlich gehaltene Trennung zwischen der emotionalen und sozialen Unterstützung einerseits, die üblicherweise den Eltern zugeschrieben wird, sowie dem Erwerb von kulturellen Techniken und Wissen andererseits, den die Schule zu fördern habe, überwunden wird. Eltern und Bildungseinrichtungen müssen an einem Strang ziehen, müssen sich beide gleichermaßen um die emotionale Begleitung *und* die kognitive Schulung kümmern, wenn nicht die ganzheitliche Entwicklung der Kinder auf der Strecke bleiben soll.

Doch einstweilen wird vor allem über einen Notstand geklagt, der alle pädagogischen Bemühungen um die Kinder heutzutage überhaupt schwierig mache ...

Der „Erziehungsnotstand“ in Deutschland und seine Diagnose

„Wir sprechen in Deutschland zu viel von Bildung und viel zu wenig von Erziehung“, erklärte Bernhard Bueb, der ehemalige Leiter des Eliteinternats Schloss Salem und Verfasser des provokativen Bestsellers *Lob der Disziplin* in einem *Spiegel*-Interview im Jahr 2000[9] und bezeichnete den mutmaßlichen „Bildungsnotstand“ in Deutschland, der damals angesichts der Ergebnisse der ersten PISA-Studien im Mittelpunkt des öffentlichen Interesses stand, als die logische Folge eines „Erziehungsnotstandes“.

Was unter dem „Erziehungsnotstand in Deutschland“ zu verstehen ist, lässt sich an einer Befragung von etwa neunhundert Grundschullehrerinnen und -lehrern veranschaulichen, die von der Erziehungswissenschaftlerin Maria Fölling-Albers[10] durchgeführt wurde. Die Lehrerinnen bemängelten beim Lern- und Arbeitsverhalten der Schulkinder vermehrte Unruhe, Konzentrationsschwäche, Ablenkungsbereitschaft sowie einen Mangel an Ausdauer. Sie nahmen die heutigen Grundschulkinder im Vergleich zu denen in früheren Zeiten als unsozialer wahr und charakterisierten sie als „ichbezogen“, „erwachsenenzentriert“ oder „rücksichtslos“. Bei der allgemeinen Lernmotivation und dem Leistungswillen fanden die Lehrerinnen dagegen kaum einen Unterschied zu früheren Jahrgängen. Zur sprachlichen Entwicklung der Kinder befragt, waren sich die Befragten uneinig: Einige gaben an, dass der

Wortschatz der Kinder durch die Medien ausgeweitet sei, andere beklagten die Spracharmut bei vielen Kindern und gaben dem Fernsehkonsum die Schuld an dieser Entwicklung.

Als eine besonders auffällige Veränderung wurde von der großen Mehrheit der Lehrerinnen die zunehmende Ausweitung der Entwicklungsschere bei Kindern gleichen Alters bezeichnet. Die immer größer werdenden Unterschiede zwischen gleichaltrigen Kindern beträfen nahezu alle Entwicklungsbereiche: das Lern- und Leistungsvermögen, den Wissensstand, die Persönlichkeits- und Interessenentwicklung ebenso wie Fähigkeiten und Fertigkeiten, welche für das Lernen und Arbeiten sowie das Zusammenleben in einer größeren Gemeinschaft von Bedeutung sind (so genannte Megaskills). Die Ratlosigkeit von Lehrern und Eltern über diese Veränderungen hat zahlreiche Spekulationen zur Diagnose der Ursachen des „Erziehungsnotstands" hervorgebracht.

Ist der Zerfall der Familien schuld?

Von Eltern und Lehrern sowie in den Medien werden oft die veränderten Familienverhältnisse in Deutschland als Erklärung in den Raum gestellt: Die erhöhten Anteile von Scheidungen, alleinerziehenden Elternteilen und Einzelkindern würden zu einem erhöhten Anteil „schwieriger" Kinder führen.

Die Erhebungen des Statistischen Bundesamtes zeigen aber, dass trotz der im Verlauf der letzten fünfzig Jahre deutlich gestiegenen Scheidungsrate auch heute noch 84,1 Prozent aller Kinder unter 18 Jahren bei den miteinander verheirateten Eltern (77,4 %) oder bei den unverheiratet zusammenlebenden Eltern (6,7 %) aufwachsen.[11] Wenn vor dem Hintergrund dieser Zahlen in Öffentlichkeit und Medien regelmäßig der völlige Zerfall der traditionellen Familienstrukturen in Deutschland festgestellt wird, ergibt sich somit der Eindruck einer übermäßigen Dramatisierung der gesellschaftlichen Entwicklungen.

Scheidung oder Trennung der Eltern müssen auch nicht notwendigerweise zu einer lang andauernden negativen Befindlichkeit und Entwicklung der betroffenen Kinder führen. Untersuchungen haben belegt, dass Kinder im Allgemeinen mehr unter einer unglücklichen Ehe als unter einer Scheidung leiden.[12] Bei einer Trennung oder einem lang andauernden Ehekonflikt spielt vor allem der Umgang der Eltern mit der veränderten Familiensituation und ihre Rücksichtnahme auf das Befinden der Kinder eine ganz entscheidende Rolle. Die Auswirkungen einer Trennung der Eltern werden zudem deutlich vom Einfluss der sozial-emotionalen, kulturellen, finanziellen und zeitlichen Ressourcen überlagert, die das jeweilige Familiensystem den Kindern nach der Trennung zur Verfügung stellen kann.[13] In diesem Sinn ist es auch eher auf sozioökonomische Faktoren (etwa vermindertes Einkommen oder geringerer Wohnraum) als auf die Trennung der Eltern an sich zurückzuführen, dass bei Kindern von Alleinerziehenden häufiger Verhaltensprobleme und Schulschwierigkeiten festgestellt werden als bei Kindern, welche bei beiden Elternteilen aufwachsen.[14]

Auch die Behauptung, dass der Anteil „schwieriger“ Kinder in Deutschland gestiegen sei, weil es mehr Einzelkinder gebe, lässt sich dadurch entkräften, dass der Anteil von Einzelkindern in Deutschland zum einen seit mehr als vierzig Jahren relativ konstant ist[15] und es zum anderen an überzeugenden wissenschaftlichen Belegen dafür fehlt, dass der Anteil „schwieriger“ Kinder bei Einzelkindern höher ist als bei Kindern mit Geschwistern. Die Erziehungseinstellungen der Eltern von Einzelkindern unterscheiden sich beispielsweise kaum von den Einstellungen der Eltern von zwei oder mehr Kindern (vgl. Fölling-Albers (2001)).

Als eine weitere mögliche Ursache für die vorne beschriebenen Defizite von Schulkindern wird oft die vermehrte Nutzung elektronischer Medien wie Fernsehen oder Computer durch Kinder und Jugendliche genannt. Jedoch auch hier ist die Veränderung über die letzten fünfzig Jahre nicht so dramatisch, wie es häufig dargestellt wird.

Das Fernsehen ist trotz des stark zunehmenden Einflusses von Computer und Internet immer noch das für Kinder mit Abstand wichtigste und für Eltern problematischste Medium. Im Jahr 2006 gaben 78 Prozent der im Rahmen der KIM-Studie[16] befragten 6- bis 13-jährigen deutschen Kinder an, fast jeden Tag fernzusehen. Aber immerhin 53 Prozent der Kinder sagten auch, dass sie sich fast jeden Tag mit Freunden treffen würden, und 59 Prozent gaben an, dass sie fast jeden Tag draußen spielen würden. 1978 sahen die 3- bis 13-jährigen noch durchschnittlich 54 Minuten fern, bis 1988 gab es dann einen deutlichen Anstieg auf 87 Minuten und dann bis zum Jahr 2000 einen vergleichsweise mäßigen Anstieg auf 97 Minuten.[17] Bei der aktuellen durchschnittlichen Fernsehdauer von etwa anderthalb Stunden ist zu beachten, dass die Gewohnheiten der einzelnen Kindern sehr stark variieren, von gar keinem Fernsehkonsum bis zur Dauerberieselung im häuslichen Umfeld.

Nur eine kleine Minderheit der deutschen Kinder sind ausgesprochene „Vielseher“. Ab wann ein Kind als „Vielseher“ gilt, hängt natürlich letztlich von der Definition der Experten ab. Die Erziehungswissenschaftler Buhren, Witjes und Zimmermann[18] machten die Zuordnung zur Gruppe der so genannten „Vielseher“ nicht allein von der täglichen Sehdauer abhängig, sondern auch von den Sehgewohnheiten – „Vielseher“ würden demnach hauptsächlich abends gucken und Action- oder Horrorfilme bevorzugen – und kamen aufgrund ihrer

Kriterien zu einem „Vielseher"-Anteil von sechs Prozent unter den deutschen Kindern. Diese „Vielseher" würden in der Tat im Durchschnitt ängstlichere und aggressivere Züge sowie ein schwächer ausgeprägtes Sozialverhalten als andere Kinder aufweisen und in der Schule häufiger Leistungsprobleme sowie Kontakt- und Anpassungsschwierigkeiten zeigen. Es habe aber bisher nicht eindeutig geklärt werden können, ob diese problematischen Verhaltenszüge der Jugendlichen durch das Vielsehen verursacht würden oder ob nicht vielmehr Kinder mit den beschriebenen Verhaltenszügen dazu tendierten, sehr viel fernzusehen.[19] Nach Fölling-Albers schalten Kinder den Fernseher besonders häufig ein, wenn ihnen langweilig ist oder wenn sie alleine sind. In diesem Zusammenhang ist es bemerkenswert, dass es eher für die Kinder aus benachteiligten Milieus typisch ist, einen eigenen Fernseher im Kinderzimmer zur Verfügung zu haben.[20] Bemerkenswert ist weiterhin, dass zwar ein eindeutiger Zusammenhang zwischen dem Schulabschluss der Eltern und der täglichen Fernsehdauer ihrer 6- bis 13-jährigen Kinder besteht (Hauptschulabschluss: 100 Minuten, Mittlere Reife: 89 Minuten, Abitur 78 Minuten), dass die Unterschiede hinsichtlich der Fernsehdauer bei den Eltern selbst aber noch sehr viel größer sind (Hauptschulabschluss: 171 Minuten, Mittlere Reife: 149 Minuten, Abitur: 104 Minuten).[21]

Zusammenfassend lässt sich sagen, dass sich aus den bisher vorliegenden Forschungsergebnissen kein eindeutiger Zusammenhang zwischen veränderter Fernsehnutzung (beziehungsweise Mediennutzung) bei Kindern und Jugendlichen und dem „Erziehungsnotstand" belegen lässt. Der durchschnittliche Fernsehkonsum bei den 3- bis 13-jährigen in Deutschland hat sich den letzten vierzig Jahren von 54 auf 97 Minuten etwa verdoppelt, das Fernsehen nimmt aber für die meisten Kinder und Jugendlichen keinen dominierenden Stellenwert bei der Freizeitgestaltung ein, sondern ist eine Beschäftigung unter vielen. Bei der kleinen Minderheit von Kindern, welche einen exzessiven Fernsehkonsum praktizieren, werden tatsächlich vermehrt soziale oder Schulprobleme festgestellt. Aber auch hier scheint bislang noch nicht geklärt zu sein, ob der übermäßige Fernsehkonsum tatsächlich die primäre Ursache der Probleme ist oder ob nicht umgekehrt persönliche Probleme oder ein Mangel an alternativen Freizeit- und Beziehungsangeboten zu übermäßigem Fernsehkonsum führen. Da die Unterschiede hinsichtlich der täglichen Fernsehzeit bei Eltern offensichtlich wesentlich größer sind als bei Kindern, stellt sich auch die Frage, inwiefern eine hohe tägliche Fernsehdauer bei Eltern auf Kosten der Betreuungsqualität und -quantität geht oder ob Eltern mit exzessivem Fernsehkonsum negative Vorbilder darstellen im Hinblick etwa auf die Lernmotivation ihrer Kinder.

Fehlen den Kindern die Mütter?

Großes öffentliches Interesse erregten auch die Diskussionen über die möglichen Auswirkungen einer außerfamiliären Betreuung von Kindern, bei denen beide Elternteile berufstätig sind, etwa im Zusammenhang mit der Kinderkrippendebatte. Befürwortern außerfamiliärer Betreuungsformen wurde vorgeworfen, sie würden den in der '68er-Zeit aufgestellten „goldenen Kälbern" wie dem Liberalismus, Hedonismus oder Feminismus blindlings huldigen und dabei Familie und Elternschaft abwerten.[22] So unterschiedliche Interessenvertreter wie industrielle Großkonzerne oder marxistische Vereinigungen würden die „Kollektiverziehung" dazu benutzen wollen, die Menschen in ihrem Sinne zu kontrollieren und die bürgerliche Familie als letzte Bastion humanistischer, christlicher und demokratischer Werte endgültig zu zerschlagen.[23]

Zur eigentlichen Frage – nämlich welchen Einfluss außerfamiliäre Betreuung auf das Wohl und die Entwicklung von Kindern hat – berufen sich die Gegner außerfamiliärer Kindesbetreuung häufig auf Studien aus der psychologischen Forschung und Hirnforschung, um ihre Ansichten zu belegen. Als Hauptargument wird dabei gewöhnlich mit Bezug auf die Bindungstheorie von Bowlby[24] vorgebracht, dass eine gute emotionale Bindung des Kindes an die Eltern und insbesondere an die Mutter nachgewiesenermaßen höchst bedeutungsvoll für eine förderliche Entwicklung sei und dass es dazu auch einer entsprechend ausgedehnten Betreuungszeit von Seiten der Eltern, insbesondere der Mutter, bedürfe, was bei außerfamiliärer Betreuung eben nicht der Fall sei. So habe man bei „Krippenkindern" einen erhöhten Kortisolspiegel nachgewiesen, welcher der kindlichen Entwicklung sehr abträglich sei und auch zu den von den Lehrern bei Schulkindern beobachteten Symptomen wie Konzentrationsmangel und mangelnder Ausdauer führen könne.[25]

Nach dem aktuellen Stand der Wissenschaft ist zu den möglichen Auswirkungen außerfamiliärer Betreuung zu sagen, dass die große Bedeutung des Aufbaus sicherer, vertrauensvoller Bindungen für die kindliche Entwicklung zwar bestätigt wurde, dass aber im Gegensatz zu Bowlbys ursprünglicher Auffassung ein solcher Bindungsaufbau auch gelingen kann, wenn gleichzeitig Bindungen zu mehreren Personen bestehen, und zwar sowohl innerhalb der Familie (Mutter, Vater, Großeltern) als auch im außerfamiliären Feld (Pflegemutter, Tagesmutter).[26] Das US-amerikanische National Scientific Council on the Developing Child betont in seinen für die erzieherische Praxis bestimmten Workpapers ausdrücklich, dass es keinerlei Belege dafür gebe, dass viele enge Beziehungen in oder außerhalb der Familie die primären Beziehungen zu den Eltern beeinträchtigen, im Gegenteil könnten Kinder von weiteren Beziehungen innerhalb und außerhalb der Familie profitieren.[27] Dabei seien bereits kleine Kinder, sofern sie eine sichere Bindung zu ihren primären Bezugspersonen aufgebaut hätten, in der Lage, unterschiedliche Rollen und Funktionen der verschiedenen Betreuungspersonen zu unterscheiden. Nicht förderlich seien allerdings ein ständiges Herumreichen des Kindes und belastende Trennungserlebnisse.

Andere Untersuchungen konnten zeigen, dass der Aufbau einer sicheren, vertrauensvollen Bindung weniger von der Anwesenheitszeit der jeweiligen Bindungsperson abhängig ist, sondern vielmehr von der sich entwickelnden Qualität der Bindung.[28] Die Verhaltensweisen und Einstellungen, welche den Aufbau einer sicheren Bindung begünstigen, stimmen dabei für familiäre und außerfamiliäre Betreuungspersonen weitgehend überein. Sie orientieren sich an den Bedürfnissen des Kindes nach verlässlicher Unterstützung, sensiblem Eingehen auf seine Bedürfnisse, einer angemessenen Stimulation und Förderung sowie Orientierung bietenden Strukturen. Eine sichere, vertrauensvolle Bindung zu den primären Bezugspersonen erleichtert den Aufbau weiterer Bindungen zu außerfamiliären Betreuungspersonen. Aber gerade auch bei problematischen Eltern-Kind-Beziehungen kann eine außerfamiliäre Betreuung von hoher Qualität unterstützend oder ausgleichend wirken.[29]

Bei einer Vielzahl wissenschaftlicher Studien, in denen im Vorschulalter in Kindertagesstätten betreute Kinder mit ausschließlich zu Hause aufwachsenden Kindern verglichen wurden, zeigte sich, dass die fremdbetreuten Kinder genauso gute und oft sogar bessere Ergebnisse bei Tests zu ihrer geistigen und sprachlichen Entwicklung erreichten wie Kinder, die nie fremdbetreut wurden.[30] Allerdings holten die nicht fremdbetreuten Kinder ihren Rückstand nach Schuleintritt weitgehend wieder auf.[31] Was das soziale Verhalten betraf, wurden Kinder aus Tageseinrichtungen einerseits oft als selbstbewusster, durchsetzungskräftiger, offener, hilfsbereiter und kooperativer beschrieben, andererseits aber auch als unhöflicher, ungehorsamer, ungestümer und aggressiver als Kinder, die ausschließlich zu Hause betreut wurden. Dies lässt sich nach Clarke-Stewart damit erklären, dass außerfamiliär betreute Kinder selbständiger und fest entschlossen sind, ihren eigenen Weg zu gehen – ohne jedoch schon über die sozialen Fertigkeiten zu verfügen, mit denen sie dies problemlos erreichen könnten.

Eine groß angelegte Studie in den USA zu den Auswirkungen außerfamiliärer Betreuung in Kinderkrippen,[32] bei der über 1.300 Kinder aus den USA von ihrer Geburt im Jahr 1991 bis zum zwölften Lebensjahr beobachtet wurden, kam hinsichtlich der geistig-sprachlichen Entwicklung und des Sozialverhaltens zu ähnlichen Ergebnissen. Die wichtigste Erkenntnis der Studie war jedoch, dass die Qualität der Beziehungen zu den Eltern und das elterliche Erziehungsverhalten einen sehr viel größeren Einfluss sowohl auf die kognitive und Sprachentwicklung als auch auf das Sozialverhalten hatten als die Dauer und Qualität der außerfamiliären Betreuung.

Zusammenfassend lässt sich schlussfolgern, dass außerfamiliäre Betreuung von hinreichend hoher Qualität für Kinder (zumindest ab einem gewissen Mindestalter beziehungsweise Entwicklungsstand) wenig risikoreich und in einigen Entwicklungsbereichen sogar förderlich zu sein scheint. Zudem ist der Einfluss der primären familiären Bezugspersonen auf die Entwicklung des Kindes grundsätzlich als deutlich stärker einzuschätzen als der Einfluss außerfamiliärer Betreuung und Erziehung.[33] Selbst bei Internatsschülern, welche sehr viel mehr Zeit im Internat als bei den Eltern verbringen, hängen Befindlichkeit oder schulische Leistung in hohem Maße davon ab, ob die Eltern Interesse an ihrem Kind bekunden oder dieses regelmäßig besuchen.[34] Somit gibt es auch für die These, dass eine zunehmende

Inanspruchnahme außerfamiliärer Betreuungsformen für den „Erziehungsnotstand“ verantwortlich sei, nur wenig Bestätigung.

Hyperaktive Kinder?

Für einen Mangel an Konzentrationsfähigkeit und eine erhöhte Ablenkungsbereitschaft bei Schülern wird auch häufig das Aufmerksamkeitsdefizitsyndrom (ADHS) als mögliche Ursache genannt. Tatsächlich sind hiervon nach Schätzungen von Experten etwa drei bis zehn Prozent aller Kinder betroffen, bei einer Schulklasse von 25 Kindern wären dies je nach Perspektive immerhin nur ein bis zwei Kinder.[35] Die Diagnose von ADHS ist nicht einfach vorzunehmen, daher bleibt das Syndrom einerseits bei vielen Betroffenen unerkannt, andererseits wird es bei vielen Nichtbetroffenen fälschlich diagnostiziert. Als mögliche verursachende oder symptomverstärkende Faktoren bei ADHS werden Vererbung, Rauchen und Alkohol in der Schwangerschaft, Kopfverletzungen, Farb- und Konservierungsstoffe in der Nahrung sowie soziale Einflüsse diskutiert.[36] Die wahre Verbreitung und die Ursachen von ADHS sind bislang trotz intensiver Forschung immer noch weitgehend unbekannt.[37] Gänzlich falsch wäre es, die bei Kindern sehr häufig beobachteten Symptome wie Unkonzentriertheit oder Unruhe sogleich mit ADHS in Verbindung zu bringen oder als „leichte“ Form von ADHS zu behandeln. Die möglichen Ursachen von Konzentrationsschwäche oder Unruhe bei Kindern können sehr vielfältig sein und erfordern daher eine genaue Untersuchung des jeweiligen Einzelfalls (besonders wenn die Konzentrationsprobleme ein ernsteres Problem darstellen). Die Diagnose ADHS bietet nach diesen Untersuchungen nur bei einem geringen Prozentsatz der Schüler eine Erklärung für den „Erziehungsnotstand“, weiterhin geben die bisherigen Forschungserkenntnisse trotz einer Zunahme von ärztlichen ADHS-Diagnosen in den letzten Jahren wenig Anlass zu der Vermutung, dass die tatsächliche Verbreitung von ADHS bei Kindern in den letzten Jahren drastisch angestiegen sei.[38]

Im Hinblick auf eine mangelnde Aufmerksamkeit im Schulunterricht sollte auch auf die elementare Verbindung von Aufmerksamkeitssteuerung und Emotionen hingewiesen werden. Menschen wenden ihre Aufmerksamkeit im Allgemeinen eher neuartigen, reizvollen oder emotional positiv besetzten Objekten zu und meiden entsprechend reizarme oder emotional negativ besetzte Objekte. Eine „schulspezifische Aufmerksamkeitsdefizitstörung" (welche man im internationalen Krankheitsklassifikationssystem ICD-10[39] vergebens sucht) bei in anderen Situationen sehr wohl konzentrationsfähigen Kindern und Jugendlichen ließe sich in diesem Sinne etwa als die absehbare Folge von wiederholten Frustrationen im schulischen Bereich verstehen. Sie wäre dann eine verständliche Reaktion auf einen trockenen und unlebendigen Unterricht, der zugunsten einer möglichst effizienten Vermittlung des Lehrstoffs all die Dinge ausspart, welche Lernen zu einer freudvollen Aktivität machen wie etwa Spielen, Experimentieren, den Austausch von Ansichten oder die Bewegungsfreude bei Exkursionen.[40]

Allgemeiner Werteverfall?

In der öffentlichen Diskussion der letzten Jahre hat insbesondere der Bereich der Wertevermittlung als ein bedeutsamer Aspekt von Erziehung und entsprechend auch von deren Versagen immer wieder besondere Beachtung gefunden. Dies äußerte sich in den Medien vor allem in regelmäßigen Klagen über einen Werteverfall der Jugend, wobei wechselweise Gewalt (Stichworte sind

Amokläufe in Schulen, rechte Gewalt, U-Bahn- und Autobahnbrücken-Attentäter), Alkohol- und Drogenkonsum (Alkopops, Komasaufen) und sexuelle Verwahrlosung (Handypornos, Porno-Rap) für die Bebilderung der Debatte sorgten. „Kinder und Jugendliche brauchen Werte" – darüber konnten Eltern, Pädagogen und Politiker einen Konsens erzielen wie selten zuvor. Der „Verfall der Werte" in einer anonymisierten und durch Multikulturalität geprägten Gesellschaft wurde dann gern als Grund für den beschriebenen „Erziehungsnotstand" herangezogen.[41]

Betrachtet man die Debatte jedoch genauer, so zeigt sich, dass kaum Einigkeit darüber erzielt werden kann, welche Werte eigentlich zu vermitteln seien und auf welche Weise Eltern, Schule und Gesellschaft an deren Festlegung und Vermittlung beteiligt sein könnten. Wird sich, über gewisse Grundwerte wie Nächstenliebe oder einen respektvollen Umgang mit der Natur hinaus, ein einheitlicher Wertekanon finden lassen, der eine allgemeine Zustimmung findet? Wer sollte über diesen Kanon befinden?

Diese Nachfragen dürften schnell deutlich werden lassen, dass die Rede von Werten sehr relativ ist. Nicht nur gelten in verschiedenen Religionsgemeinschaften unterschiedliche Werte, auch unterschiedliche soziale Milieus kennen verschiedene Werte und letztlich entwickelt jede Familie oder andere Gemeinschaft für sich eigene Wertschätzungen für Verhaltensweisen, Ideen oder Dinge. Eine demokratische, tolerante Gemeinschaft, so lässt sich zusammenfassen, zeichnet sich gerade durch Wertevielfalt aus. Die Hamburger Schulsenatorin Christa Goetsch leitet aus dieser Überzeugung die Forderung für eine Schulreform an Hamburger Schulen ab, nach der Kinder aus allen sozialen Schichten und ethnischen Gruppen nicht frühzeitig getrennt, sondern möglichst lange gemeinsam unterrichtet werden sollten. Es dürfe kein „Werteraster" vorgegeben werden, in das man

Kinder hineinpresst, sondern es müssten Respekt, Wertschätzung und Verständnis gegenüber den jeweiligen kulturell geprägten Wertevorstellungen des Einzelnen entwickelt werden.

Man kann es übrigens als kennzeichnend für das Verhältnis zu Kindern und Jugendlichen in unserer Gesellschaft ansehen, dass diese selbst als eigentlich Betroffene bisher nur wenig an der öffentlichen Wertediskussion beteiligt wurden. Überraschend für viele dürften die Ergebnisse der *Shell Jugendstudie* von 2006 sein, welche auf einer Repräsentativbefragung von 2.500 Jugendlichen in Deutschland basieren:

> Die heutige junge Generation stellt sich mit einem ausgesprochen pragmatischen Zugang den Herausforderungen in unserer Gesellschaft ... Leistungsbereitschaft, Engagement und eine Orientierung an den konkreten und naheliegenden Problemen prägen die Grundhaltung dieser Generation. Damit verbunden ist der Wunsch nach befriedigenden sozialen Beziehungen. Die Bedeutung von Familie und privatem Freundeskreis, die den Jugendlichen als Rückhalt dienen und Sicherheit vermitteln, hat sogar noch zugenommen.[42]

Von einem allgemeinen Werteverfall der Jugend kann nach dieser repräsentativen Umfrage also gar nicht die Rede sein. Um Verhaltensweisen wie Alkoholmissbrauch, Gewalt oder Promiskuität zu erklären, sollten demnach andere Gründe in Erwägung gezogen werden. Viel plausibler als ein allgemeiner Verfall von Werten erscheint mir, dass Jugendliche in ihren Versuchen, den Erwartungen der Gesellschaft zu genügen, scheitern und sich nicht in ausreichender Weise als selbstwirksam oder wertgeschätzt erleben können. Der Pädagoge Rolf Arnold fordert daher auch, dass die Förderung der Fähigkeit zur individuellen Sinnstiftung und Wertorientierung bei Kindern und Jugendlichen mit der Förderung der Selbstachtung beginnen müsse.[43] Die Förderung der

Selbstachtung aber setzt voraus, dass Eltern, Erzieher und Lehrer Kindern und Jugendlichen Achtung entgegenbringen und ihnen Gelegenheiten geben, zu erleben, dass ihr Tun und Lassen echte Konsequenzen hat – dass sie mit ihrem Handeln etwas bewirken können.

„Lob der Disziplin"?

Weder die veränderten Familienstrukturen (Trennungen und Scheidungen mit der Folge von alleinerziehenden Eltern; Einzelkinder) noch der stärkere Medienkonsum, die vermehrte außerfamiliäre Betreuung, die Häufung des ADH-Syndroms oder gar ein allgemeiner Werteverfall konnten letztlich als wirkliche Ursachen dafür bestätigt werden, dass Kinder heute häufiger Konzentrations- und Aufmerksamkeitsschwierigkeiten zeigen, sich unsozial verhalten oder nur begrenzte sprachliche Fertigkeiten aufweisen. Eine These aber hat in der öffentlichen Debatte besondere Reputation gewonnen, nämlich die von der fehlenden Disziplin.

Derselbe Bernhard Bueb, der den „Erziehungsnotstand in Deutschland" ausgerufen hatte, lieferte zugleich auch eine Diagnose von dessen Ursachen und bietet mit seinem Bestseller *Lob der Disziplin* ein Heilmittel an. Seiner Meinung nach seien die beschriebenen Phänomene auf die Abwertung von Disziplin sowie von so genannten Sekundärtugenden wie Gehorsam, Pünktlichkeit und Ordnungssinn im Zuge der 68er-Bewegung zurückzuführen, die er ihrerseits als eine deutsche Überreaktion auf die Erfahrungen mit dem Nationalsozialismus deutet. Mit dieser These stieß er auf eine starke Resonanz in den Medien und spaltete die Öffentlichkeit.

An einem Fall, von dem Bernard Bueb in seinem umstrittenen Buch Lob der Disziplin berichtet, will er die Wirksamkeit von harten und klaren Regeln deutlich machen:

Eines Tages wurde ein fünfzehnjähriger Junge zu mir geschickt, der trotz guter Begabung drohte, in der neunten Klasse erneut sitzenzubleiben. Ich sollte ihm mitteilen, dass er aufgrund seiner mangelnden Anstrengungsbereitschaft, seines Alkoholproblems und seiner insgesamt laschen Haltung die Schule verlassen müsse. An psychologischer Beratung hatte es nicht gemangelt, wir waren mit unserem Latein am Ende. Als er so reuig und hilflos vor mir saß, kam mir die Idee. Ich sagte Folgendes: „Wenn du mir jetzt erklärst, dass du bereit bist, ein Jahr unsere strengste britische Internatsschule, ein sehr traditionelles Jungeninternat, zu besuchen, dann darfst du nach Salem zurückkehren." Er sagte spontan Ja. Was er in England antraf, war eine hierarchisch geordnete Gemeinschaft, es herrschten Disziplin und Ordnung, Gehorsam galt als selbstverständlich, Schuluniform war verpflichtend, auf Regelübertretungen folgten Strafen, die Autorität der Erwachsenen, aber auch der Funktionäre der Schülermitverwaltung war unbestritten. Alle Aktivitäten in der Freizeit waren verpflichtend, der Tag begann mit einer Morgenandacht, an der alle teilnehmen mussten, ob christlichen, jüdischen oder islamischen Glaubens oder atheistisch. Die Schule entsprach dem Horrorbild einer pädagogischen Einrichtung, wie es die Prediger der antiautoritären Erziehung nicht schlimmer hätten an die Wand malen können. Der Aufenthalt wurde eine Erfolgsgeschichte. Der Junge hörte auf zu trinken, wurde ein begeisterter Cross-Country-Läufer, er begann zu arbeiten, er begeisterte sich für neue Sportarten, kurzum, aus einem psychisch angeschlagenen Jungen wurde ein junger Mann, der Erfolg hatte, der sich etwas zutraute und den viele Versuchungen nicht mehr erreichten, die ihn bislang vom geraden Weg abgebracht hatten. Er kehrte nach einem Jahr nach Salem zurück und ging seinen Weg erfolgreich bis zum Abitur.[44]

Andere Autoren wie Persell und Cookson oder Hartmann[45] bestreiten die Möglichkeit solcher „therapeutischen Effekte" zwar nicht direkt, kommen aber bezüglich der Funktion und Wirkung traditioneller englischer Internatserziehung zu einem anderen Fazit. Sie verstehen in der Tradition von Max Weber englische und US-amerikanische (Elite-)Internate vor allem als Instrumente der oberen Klassen, eine kollektive Identität zu formen und die gesellschaftlichen Privilegien dieser Klassen zu legitimieren. Die auf diese Weise sozialisierten jungen Leute seien keine risikofreudigen, kreativen Menschen. Sie seien zwar darauf vorbereitet, Macht auszuüben und Haltung zu bewahren (im Sinne der „stiff upper lip"), aber nicht darauf, flexibel und innovativ tätig zu sein.

Es hat somit den Anschein, dass die strenge Reglementierung eines traditionellen englischen Internats in einem Fall zu vermehrter innerer Stärke und persönlichem Wachstum führen kann, in einem anderen Fall aber lediglich zu äußerer Anpassung bei einem Verlust von Lebendigkeit und Kreativität. Um diese unterschiedlichen Wirkungen erklären zu können, soll im Folgenden genauer auf die Funktion und Wirkung von Regeln und Sanktionen eingegangen werden.

Die Funktion von Regeln und Sanktionen

Jean-Jacques Rousseau schreibt in seinem für das Selbstverständnis der modernen Demokratien wegweisenden Werk *Le Contrat Social* (*Der Gesellschaftsvertrag*) von 1762,[46] dass ein Vertrag Voraussetzung für das Leben in der menschlichen Gesellschaft ist (im Gegensatz zum Leben des Menschen im Naturzustand). Die Grundlage des auf Vernunft und Gegenseitigkeit beruhenden Gesellschaftsvertrages sei der Gemeinwille, der von allen ausgehe und auf das Wohl aller ziele. Aus diesem Vertrag ergäben sich Regeln und Sanktionen für das Zusammenleben in der Gemeinschaft. Rousseau formuliert folgende Maxime für die Ausgestaltung des Gesellschaftsvertrags:

> Finde eine Form des Zusammenschlusses, die mit ihrer ganzen Kraft die Person und das Vermögen jedes einzelnen Mitglieds

verteidigt und schützt und durch die doch jeder, indem er sich mit allen vereinigt, nur sich selbst gehorcht und genauso frei bleibt wie zuvor.[47]

Diese Maxime lässt sich auf die Gesamtgesellschaft anwenden, auf einzelne Gruppen und Organisationen in der Gesellschaft oder auf die Familie als Kerneinheit einer Gesellschaft. Der Sinn von Regeln besteht bei einem solchen Vertrag darin, das Zusammenleben in der Gemeinschaft so zu regeln, dass eine möglichst optimale Balance entsteht zwischen der Freiheit des Einzelnen und der Harmonie des Zusammenlebens in der Gemeinschaft.

Wenn nun Bueb schreibt, Erziehung in der Gemeinschaft könne auf Strafen nicht verzichten, rechtfertigt sich diese Aussage bei einem humanistisch-demokratischen Grundverständnis durch die Annahme, dass man auf Strafe als Maßnahme nicht verzichten kann, wenn man Verletzungen der im Gesellschaftsvertrag vereinbarten Regeln wirksam begegnen will. Dabei ist allerdings zu beachten, dass die Ausgestaltung von Verhaltensregeln und die Festlegung von Strafen auch im Feld der Erziehung auf den Gesetzen und Leitlinien einer humanistisch-demokratischen Gemeinschaft basieren sollten und nicht auf der Willkür einzelner Erzieher oder erzieherischer Institutionen.[48] So sind Kinder und Jugendliche in der Bundesrepublik Deutschland etwa Grundrechtsträger und haben rechtlichen Anspruch auf Achtung und Schutz ihrer Menschenwürde (Art. 1 GG) sowie die freie Entfaltung ihrer Persönlichkeit (Art. 2 GG).

In seinem schon eingangs zitierten pädagogischen Werk *Emile* geht Rousseau noch einen Schritt weiter, indem er fordert, Kindern und Jugendlichen mehr Rechte und weniger Pflichten zuzugestehen als Erwachsenen. Es wäre verfehlt zu versuchen, aus einem Kind so schnell wie möglich einen Bürger der Gesellschaft zu machen, denn das Kind sei noch viel zu sehr Naturwesen und erst einmal auf die Ausbildung seiner Sinne, Organe und Glieder ausgelegt. Wenn man zu früh damit beginnen würde, die ursprünglichen Gefühle, Neigungen und Bedürfnisse mit aufgepfropften Idealen, anerzogenen Gewohnheiten und unverstandenen Pflichten zu unterdrücken, so bringe man einen entzweiten Menschen hervor und arbeite den eigenen Erziehungszielen zuwider. Hartmut von Hentig[49] bemerkt in diesem Zusammenhang, es gehe nicht darum, dem Kind unsere Zwecke zu unterstellen und zu verlangen, dass es sie erfüllt, sondern seine Zwecke zu respektieren, dann würde es mit dem Älterwerden und damit verbundener wachsender Einsicht auch unsere Zwecke achten. Erziehung sei keine Dressur, sondern der Erzieher sollte als Vorbild vorangehen und geduldig auf die allmählich kommende Einsicht des Kindes warten.

Dass Kinder aber durchaus auch von sich aus ein Bedürfnis nach Regeln und Strukturen haben, zeigt beispielsweise die achtzigjährige Erfahrung in dem Internat Summerhill,[50] in welchem die Kinder und Jugendlichen seit der Internatsgründung bis auf wenige Ausnahmen sämtliche Regeln des Zusammenlebens im Rahmen von demokratischen Abstimmungen festlegen können. Dabei ergab es sich, dass das Ausmaß der Reglementierung des Zusammenlebens einem dynamischen Wechsel unterlag. „Autoritären“ Phasen, die durch ständiges Festlegen neuer Regeln und Gesetze charakterisiert waren, folgten „anarchische“ Phasen, in denen nahezu alle Regeln wieder aufgehoben wurden. Es stellte sich auch heraus, dass ältere Schüler eher ohne (explizite) Regeln auskamen, während dies bei den Jüngeren vermehrt zu Konflikten führte, so dass diese von sich selbst aus wieder mehr Reglementierung beanspruchten. In diesem Zusammenhang ist es erwähnenswert, dass sich eine durch feste Strukturen und klare Regeln gekennzeichnete Erziehung beispielsweise bei Kinder mit ADH-Syndrom sehr positiv auf Wohlbefinden und Alltagsbewältigung auswirken kann.[51] Der Wunsch und der Bedarf nach Reglementierung sind also stets von der Verfassung des individuellen Kindes beziehungsweise Jugendlichen abhängig.

Wohin zu viel Strenge führt

Die empirische Sozialforschung bescheinigt einem autoritären oder übermäßig strengen Erziehungsstil im Rahmen der Familie, der durch starke Reglementierung und häufige Sanktionen charakterisiert ist, vorwiegend negative Auswirkungen für die Entwicklung von Kindern und Jugendlichen. Ein übermäßig strenger Erziehungsstil führt etwa nach einer Studie von Lukesch, Perrez und Schneewind[52] zu vermehrten kindlichen Selbstvorwürfen und depressiven Stimmungen sowie zu einer erhöhten Wahrscheinlichkeit für Kriminalität im Jugendalter. Elterliche Neigung zu übermäßigem Strafen ist nach Schneewind, Beckmann und Engfer[53] zunächst ein Indiz für eine missglückte Eltern-Kind-Beziehung und findet sich außerdem bevorzugt in eben jenen „bildungsfernen" Milieus, die im Rahmen der Bildungsdebatte als besonders problematisch bezeichnet wurden. So sind Persönlichkeitsmerkmale, die sich mit den Attributen konservativ, antiintellektuell und pessimistisch umschreiben lassen, sowie geringe Schulbildung und niedrige berufliche Position des Vaters, häufig mit übermäßig strafendem Verhalten verbunden.

Dies würde auch für die in der *Antwort der Pädagogik* von Brumlik oder Arnold geäußerte Vermutung sprechen, dass es sich bei denjenigen Personen, die bei Bernhard Buebs *Lob der Disziplin* mit eingestimmt haben, vorwiegend um Eltern oder Pädagogen handelt, die (wie Bueb selbst) das Gefühl haben, mit „antiautoritären" Erziehungsmethoden wenig erfolgreich gewesen zu sein (vgl. Arnold). Bei einem großen Teil derjenigen, die tatsächlich einen (übermäßig) strengen Erziehungsstil praktizieren, ist hingegen aufgrund ihres sozialen Hintergrundes oder ihrer Persönlichkeitseigenschaften anzunehmen, dass das Interesse an Publikationen über Erziehung und Bildung oder an der aktuellen Erziehungs- und Bildungsdebatte so gering ausgeprägt ist, dass sie Bücher wie das von Bueb gar nicht erst in die Hand nehmen würden.

Historische Hintergründe der „Tugend Disziplin“

Die Dominanz eines disziplinorientierten, das heißt Regeln und Sanktionen betonenden und weniger auf Einsicht gerichteten Erziehungsstils in Deutschland bis in die 60er-Jahre des letzten Jahrhunderts lässt sich sowohl in der politischen als auch in der ökonomischen Geschichte begründen.

Im autoritären deutschen Kaiserreich spiegelte die Beziehung zwischen Vater und Kind zunächst das Verhältnis zwischen Obrigkeit und Untertanen wider, bei dem zur Aufrechterhaltung der Machtverhältnisse unbedingter Gehorsam gefordert wurde. Zudem wurden die Untertanen häufig zur Vollendung von „höheren Zwecken“ instrumentalisiert. Friedrich der Zweite war etwa fasziniert von dem Gedanken, seine Soldaten zu perfekt funktionierenden Einzelteilen einer großen Maschine zu machen, und richtete die Ausbildung an seinen Kadettenanstalten danach aus.[54] Somit waren Erziehung und Bildung in den autoritären Monarchien weit entfernt davon, eine ganzheitliche Förderung der individuellen Persönlichkeit und ihrer Begabungen anzustreben, sondern auf die reibungs- und fehlerlose Erfüllung der vorgegebenen gesellschaftlichen Funktionen und Rollen ausgerichtet.

Vom preußischen König lässt sich eine verblüffende Parallele zur Begründung der modernen industriellen Massenproduktion ziehen: Ähnlich wie Friedrich II.

seine Soldaten als Teil eines glatt laufenden Systems ansah, betrachtete Frederick Taylor, der Begründer der modernen industriellen Massenproduktion in den USA, Arbeiter in einer mechanistischen Weise als „Teile einer Maschine“[55]. Taylor strukturierte die betriebliche Arbeit neu nach den vier Prinzipien, die wir heute mit dem Begriff Taylorismus verbinden: 1. Planung und Kontrolle der Produktion und Ausführung wurden strikt getrennt (Trennung von Kopf- und Handarbeit). 2. Die auszuführende Arbeit wurde durch präzise Anleitungen und Regeln strikt festgelegt. 3. Die Arbeit wurde in viele Einzelschritte zerlegt (hohe Arbeitsteiligkeit) 4. Geld wurde als Motivationsfaktor eingesetzt (Akkordlohn, Prämienlohn).

Die konsequente Umsetzung dieser Prinzipien führte schließlich zur Fließbandproduktion, welche 1913 von Henry Ford eingeführt wurde.[56] Die so genannte wissenschaftliche Betriebsführung nach Taylor führte einerseits zu einer erheblichen Produktivitätssteigerung der amerikanischen Wirtschaft, andererseits aber auch zu einer zunehmenden Entfremdung der Arbeiter von ihrer Tätigkeit. Die ausführende industrielle Arbeit war auf die strikte Befolgung von vorgegebenen Regeln reduziert worden, dies ging einher mit einem drastischen Verlust von Ganzheitlichkeit, Vielfältigkeit und Selbstbestimmung für die Arbeitenden.

Peter Senge, der Leiter des Zentrums für Organisationslernen am MIT in Boston, stellt die provokante These auf, dass unsere heutigen Schulen noch sehr den Fabrikhallen der industriellen Revolution glichen und nach deren Vorbild strukturiert seien: Den streng nach Alter getrennten Schülern verabreicht man das Wissen in Klassenstufen und verlangt von ihnen, dass sie im Gleichschritt lernen, zu gleichen Zeiten Prüfungen ablegen und nach Ablauf der gleichen Zeit in die nächst höhere Klasse aufsteigen. Im Sinne der Arbeitsteiligkeit seien die Inhalte streng nach Fächern getrennt. Ein solches Schulsystem könne zwar relativ effektiv und effizient standardisierte Arbeitskräfte produzieren, welche Grundfertigkeiten wie etwa Lesen, Schreiben oder Rechnen beherrschen. Selbständiges Denken würde aber durch solch ein System nicht gefördert. Ein erschreckendes Randphänomen dieser Wissensproduktion aber sei, dass Schüler, die mit diesem System nicht zurechtkommen, auf der Strecke bleiben.

Auf der anderen Seite muss jedoch auch eingeräumt werden, dass die Erfolge von Friedrich II., Taylor und Ford demonstrieren, dass die konsequente Anwendung von Regeln unter Umständen ein sehr effizientes Erreichen von Zielen ermöglicht. Dies lässt sich auch auf individuelle Lern- und Leistungsziele übertragen. Prinzipiell lässt sich nichts gegen eine durch die konsequente Einhaltung von bestimmten Regeln charakterisierte Trainings- oder Lernmethode etwa im Sport oder beim Fremdsprachenlernen einwenden, sofern diese wissenschaftlich fundiert und nachgewiesenerweise effizient ist. Im Gegenteil wäre wahrscheinlich in vielen Bereichen sogar eine beträchtliche Steigerung individueller Lernleistungen möglich, wenn man im Sinne von Frederic Taylor konsequent nach der besten Methode für den einzelnen Lerner suchen würde. Auch müsste dies nicht unbedingt mit einem Verlust von Autonomie und selbständigem Denken beim Lernenden einhergehen.[57] Dennoch ist vor einer „blinden Technikeuphorie“ im Bereich des Sozialen oder des Lernens zu warnen. Die heutige Zeit ist durch eine zunehmende Technisierung des Individuellen wie des Sozialen charakterisiert, wofür unter anderem die wachsende Flut von Büchern oder Seminaren zeugt, die effiziente Methoden für jedermann in unterschiedlichen Bereichen wie Kommunikation, Sexualität und Partnersuche, Sport, schulischem und universitärem Lernen oder Spiritualität anbieten. Problematisch ist hierbei zunächst die Zielfixierung selbst. Das Erreichen von bestimmten Zielen führt nicht automatisch zu Glück und Sinnerfüllung, auch wenn man sich dies vielleicht so vorstellt. Als Sinnbild hierfür kann der verbissene Läufer dienen, der durch die schönste Landschaft hastet, ohne diese überhaupt wahrzunehmen, weil er allein auf das Erreichen seines sportlichen Leistungsziels konzentriert ist. Im Gegensatz zu solch einer zielfixierten Hast stehen fernöstliche oder auch romantische Philosophien wie „Lebe im Jetzt" oder „Der Weg ist das Ziel", und auch das Motto des „Clubs der toten Dichter" lautet „Carpe Diem". Intensive Erlebnisse und Leidenschaft, die ja auch von großer Bedeutung für erfolgreiches Lernen sind, scheinen in einem gewissen Widerspruch zu einer solchen Zielfixierung zu stehen.

Ein weiterer problematischer Aspekt ist die Kontrollillusion bei Interventionen in komplexen Systemen. So hat der Versuch des Menschen, die Natur mittels der Technik zu beherrschen, zu einer bedrohlichen Verselbständigung von Prozessen geführt, was an den erschrockenen Ausruf von Goethes *Zauberlehrling* denken lässt: „Die Geister, die ich rief, werd ich nicht mehr los". Atombombe, Umweltverschmutzung, Überbevölkerung, Gentechnologie, körperliche und sensorische Schwächung des menschlichen Organismus sind Folgen des technischen Fortschritts, die man zu Beginn der industriellen Revolution noch nicht einmal erahnen konnte. Ebenso wie bei der Natur handelt es sich beim menschlichen Organismus und bei sozialen Gebilden um komplexe Systeme, bei denen Interventionen unvorhergesehene Prozesse in Gang setzen können, die im schlimmsten Fall vollkommen eskalieren und zu einer Schädigung oder gar Zerstörung des Systems führen können. Für die verantwortungsvolle Anwendung von Techniken und Methoden, egal in welchem Bereich, sind daher eine systemische Betrachtung der Dinge und das Bemühen um das Erhalten einer gesunden Balance förderlich. Dies gilt nicht zuletzt für die Anwendung von Disziplin in Form von Regeln und Strafen in Erziehung und Bildung.

Erziehung und Bildung – so vielschichtig wie die Kinder, um die es geht, und wie die Gesellschaften, in denen sie leben

Es gehört zu den „schlechten“ Angewohnheiten des menschlichen Geistes, dass er bei einem bestimmten Problem spontan nach dessen Hauptursache sucht – und entsprechend nach dem einen Mittel, das diese Ursache bekämpft. Dies ist in vielen Lebenssituationen auch gar nicht verkehrt, gerade wenn man rasch entscheiden und handeln muss. Auch die traditionelle westliche Medizin war sehr erfolgreich mit einem Heilmodell, welches nahe legt, dass es für eine bestimmte Krankheit eine bestimmte Hauptursache und dementsprechend auch ein ganz bestimmtes Heilmittel gebe. So ist es auch nicht verwunderlich, dass Eltern und Lehrer als Reaktion auf den „Erziehungsnotstand“ zunächst nach dessen Hauptursache suchen und dabei auf ein einfaches Mittel zur Problemlösung hoffen.

Entwicklungs- und Erziehungsprobleme lassen sich jedoch nicht mit einem Beinbruch oder mit einer Viruserkrankung vergleichen. Denn bei der Entwicklung von Kindern und Jugendlichen wirken vielfältige körperliche, geistige, emotionale oder soziale Vorgänge zusammen, die zudem aufs Engste miteinander verknüpft sind. Diese enge Verbundenheit der vielfältigen Entwicklungsprozesse bringt es mit sich, dass es bei Problemen wie Konzentrationsmangel oder aggressivem Verhalten viele unterschiedliche Aspekte (körperliche, geistige, emotionale, soziale) sein können, die nicht allein zur Entstehung, sondern auch zur Aufrechterhaltung des jeweiligen Problems beitragen. Ebenso existieren vielfältige so genannte Schutzfaktoren und Ressourcen, die die Entstehung von Problemen verhindern oder zu deren Lösung beitragen können.

Aus diesem Grund ist es wenig erfolgversprechend, weiterhin nach der *einen* Ursache für den „Erziehungsnotstand in Deutschland" zu suchen. Stattdessen bedarf es einer wissenschaftlich-systematischen Beschreibung und Erforschung der vielfältigen Faktoren, welche die Entwicklung von Kindern und Jugendlichen fördern oder hemmen. Da menschliche Entwicklung so viele Dimensionen umfasst und sich in komplexen Systemen vollzieht, ist es meiner Meinung nach notwendig, Vertreter unterschiedlicher wissenschaftlicher Disziplinen gemeinsam an einen Tisch zu bitten und in einen konstruktiven Dialog miteinander zu bringen. Mit „konstruktivem Dialog" meine ich vor allem eine lösungsorientierte Zusammenarbeit mit engem Bezug zur Praxis und zu denen, um die es geht. Die sich ergebenden Problemlösungen sollten sich dabei weniger als „Von-oben-herab-Maßnahmen" darstellen, sondern eher als die gezielte Organisation und Förderung der Ressourcen und „Selbstheilungskräfte" der sozialen Gemeinschaft und der Kreativität der einzelnen Mitglieder.

Ein runder Tisch zur guten Entwicklung von Kindern und Jugendlichen

Die Idee einer solchen intensiven multidisziplinären Zusammenarbeit zur Erforschung der vielfältigen Bedingungen positiver kindlicher Entwicklung wird in den USA bereits seit einigen Jahren durch den National Scientific Council on the Developing Child (NSCDC, deutsch: Nationaler Wissenschaftlicher Rat für das sich entwickelnde Kind) umgesetzt.

Mit dem ausdrücklichen Ziel, Entscheidungshilfen in Fragen der Erziehung, Förderung und Bildung von Kindern zu geben und eine Brücke zwischen wissenschaftlicher Forschung und pädagogischer Praxis zu bauen, gibt der National Scientific Council regelmäßig „Workpapers" und wissenschaftliche Artikel heraus, um nicht nur Wissenschaftlern den aktuellen Forschungsstand zu vermitteln, sondern vor allem denen, die in der Praxis direkt mit Kindern zu tun haben oder wichtige Entscheidungen für Kinder treffen müssen: also in erster Linie Eltern, Pädagogen und Politikern.

Auch wenn sich die gesellschaftlichen Verhältnisse der USA von denen in Deutschland in vielen Aspekten unterscheiden, sind zahlreiche Forschungsergebnisse des National Scientific Council auch für Deutschland hoch relevant. Im Folgenden sollen daher einige der wichtigsten Ergebnisse kurz zusammengefasst werden:

Früh übt sich ... doch es ist nie zu spät[58]

Eine zentrale Erkenntnis der US-amerikanischen Wissenschaftler betrifft die ganzheitliche Natur der Gehirnentwicklung und somit auch des Lernens beim Menschen. Lernen und Gehirnentwicklung sind in den ersten drei Lebensjahren besonders rasant. Bemerkenswerte kognitive, emotionale, soziale, regulatorische, moralische und sprachliche Fähigkeiten entwickeln sich bereits früh und in starker gegenseitiger Abhängigkeit. Entwicklung lässt sich als dynamisches Zusammenspiel von Erbanlagen und Umwelteinflüssen verstehen. Die Reifung funktionaler Hirnzentren ist in starkem Maß von den Umwelterfahrungen des Kindes abhängig. Auch nach ihrer Ausreifung bleiben Hirnzentren formbar und selbst größere Entwicklungsrückstände können oft, wenn auch mit etwas größerem Aufwand, noch später recht gut kompensiert werden. So wird einerseits das Motto „Früh übt sich", andererseits aber auch das Konzept des lebenslangen Lernens von den Ergebnissen der Forschung gestützt.

Interessant ist in diesem Zusammenhang auch ein Tierexperiment, das im Jahr 2007 durchgeführt wurde.[59] In diesem Experiment wurden Ratten in einem Standardkäfig zusammen mit der Mutter aufgezogen, aber es war nur ein sehr kleiner Nistkasten vorhanden und die Umgebung war arm an Reizen und Spielmöglichkeiten. Nach der Pubertät (also nach etwa 21 Tagen) wurden einige dieser Ratten in eine normale Umgebung gesetzt, andere in eine besonders reichhaltige Umgebung. In der normalen Umgebung lebten die Ratten in einem Standardkäfig und hatten einen normal großen Nistkasten und einige Spielmaterialien zur Verfügung. In der reichhaltigen Umgebung wurde den Ratten ein besonders großer Käfig gegeben, in dem es neben einem großen Nistkasten zusätzliche Spielmaterialien gab wie Rampen, Laufräder, Seile und Kletterkonstruktionen. Etwa 55 Tage nach der Geburt absolvierten alle Ratten verschiedene Lern- und Gedächtnistests sowie einen Test zur Erfassung depressionsähnlichen Verhaltens. Es zeigte sich, dass bei den Ratten, welche nach der Pubertät in einer besonders reichhaltigen Umgebung leben konnten, im Unterschied zu den nach der Pubertät in einer „normalen" Umgebung aufgewachsenen Ratten die Auswirkungen der ungünstigen Lebensbedingungen vor der Pubertät in allen gemessenen Bereichen deutlich gemindert worden waren. Darüber hinaus wurde in einer weiteren Versuchsvariation gezeigt, dass Ratten, welche die Zeit von der Geburt bis zur Pubertät in einer normalen Umgebung verbracht hatten, von einem Aufenthalt in der besonders reichhaltigen Umgebung nach der Pubertät nicht oder nur in geringem Maße profitierten.

Bei der Übertragung von Erkenntnissen aus der Forschung an Tieren auf den Menschen sollte man zwar generell äußerst vorsichtig sein, doch zunächst bietet das Experiment zwei aufregende Perspektiven:

dass zum einen nicht allein die Beziehungen zu den Betreuungspersonen, sondern auch die Reichhaltigkeit der Lern- und Spielangebote in der Lebensumwelt von Kindern eine enorme Bedeutung für ihre Entwicklung haben könnte und dass weiterhin Beeinträchtigungen durch widrige Bedingungen in den ersten Lebensjahren auch später noch durch eine intensive Förderung (etwa durch reichhaltige Lern- und Spielangebote und eine besondere Förderung) gut kompensiert werden können. Beispielsweise könnten gerade Jugendliche aus benachteiligten Milieus auch noch in fortgeschrittenem Alter (nach der Pubertät) von besonderer Förderung, beispielsweise in einem Internat mit einem differenzierten pädagogischen Profil, sehr profitieren.

Kinder entfalten sich im Kontext von zwischenmenschlichen Beziehungen[60]

Menschliche Beziehungen und der Aufbau sicherer Bindungen zu den Betreuungspersonen des Kindes sind nach Meinung der Wissenschaftler des NSCDC die Grundsteine einer gesunden emotionalen, sozialen und kognitiven Entwicklung. Die Beziehungen des Kindes zu Mutter und Vater haben den größten Einfluss auf die kindliche Entwicklung, weitere Beziehungen innerhalb und außerhalb der Familie sind jedoch ebenfalls wichtig und förderlich und müssen die primären Beziehungen keineswegs beeinträchtigen. Die Qualität einer Betreuung ist viel wichtiger für den Aufbau einer sicheren vertrauensvollen Bindung als die reine Quantität der Betreuungszeit.

Für den Aufbau und die Aufrechterhaltung einer förderlichen Beziehung sollte nach den Erkenntnissen des NSCDC die Betreuungsperson folgendermaßen auf die Bedürfnisse des Kindes eingehen:

- Sie sollte eine verlässliche Unterstützung bieten, die beim Kind Vertrauen in die Betreuungsperson erzeugt.

- Sie sollte sensibel auf das Verhalten des Kindes eingehen, was beim Kind ein Vertrauen in die eigenen Fähigkeiten, die Umwelt zu beeinflussen, fördert (Selbstwirksamkeitsüberzeugung).
- Sie sollte das Kind vor äußeren Bedrohungen und ungünstigen Einflüssen schützen.
- Sie sollte dem Kind emotionale Zuwendung geben, wodurch das Selbstwertgefühl gesteigert wird.
- Sie sollte dem Kind Gelegenheiten bieten, soziale Fähigkeiten zu üben.
- Sie sollte das Kind beim Lernen und der Entwicklung von Fertigkeiten unterstützen.

Beziehungen, so unterstreicht die Studie, sind von entscheidender Bedeutung bei der Entwicklung von Selbstwahrnehmung, sozialen Kompetenzen, emotionalem Wachstum und Gefühlsregulation, kognitiven Kompetenzen sowie moralischen Werten. Die allerersten Beziehungen entwickelt ein Kind normalerweise zu seinen Eltern. Von großer Bedeutung für die Entwicklung von Kindern und Jugendlichen sind aber auch die Beziehungen zu Gleichaltrigen, unter anderem für die Entwicklung sozialer Kompetenzen wie etwa

- Kontakte und Freundschaften zu knüpfen,
- Gespräche zu führen,
- Gefühle und Bedürfnisse auszudrücken und sie bei anderen zu erkennen,
- Perspektiven zu übernehmen,
- miteinander zu kooperieren und gemeinsam Ziele zu verfolgen oder
- Konflikte zu lösen.

Beziehungen im Kontext außerfamiliärer Betreuung und Erziehung können besonders für Kinder und Jugendliche aus wenig integrierten oder sozial benachteiligten Familien förderlich sein. Beispielsweise können

Kinder mit Migrationshintergrund oder Jugendliche aus Familien mit wenig differenziertem Sprachgebrauch in hohem Maße von einer sprachlich reichhaltigen Umgebung profitieren. In einer solchen Umgebung können unter anderem ein reicher Sprachschatz und -gebrauch, das Verstehen von Zahlenkonzepten oder die Vertrautheit mit Buchstaben-Klang-Assoziationen gefördert werden, was für den späteren Schul- und Berufserfolg von entscheidender Bedeutung ist.

Die Erfahrung hat aber auch gezeigt, dass sprachliche Förderung auch noch im Jugend- und Erwachsenenalter sehr erfolgreich sein kann.

Die Bedeutung von Selbstregulation und Selbständigkeit[61]

Die Wissenschaftler des NSCDC betonten weiterhin, dass das Kind von Beginn an aktiv seine eigene Entwicklung mitgestaltet und dass das Wachstum von Selbstregulation ein Eckstein menschlicher Entwicklung ist, der alle Aspekte des Verhaltens berührt. Selbstregulation beginnt schon früh mit der Regulation von Körperzyklen wie dem Schlaf-Wach-Rhythmus. In der Forschung werden unter anderem Aufmerksamkeits-, Verhaltens- und Emotionsregulation unterschieden, tatsächlich sind diese Dimensionen aber eng miteinander verbunden. Der Erfolg in einem Bereich kann den Erfolg in einem anderen Bereich begünstigen, ebenso kann Misserfolg in einem Bereich die Entwicklung in einem anderen Bereich untergraben. Regulationsprobleme können Hinweise auf behandlungsbedürftige Verhaltensstörungen, auf Aufmerksamkeits- oder emotionale Störungen sein, kommen jedoch auch bei normaler Entwicklung bei allen Menschen von Zeit zu Zeit vor.

Das Vermitteln von Erfahrungen, Unterstützung und Ermutigung zu selbstreguliertem Handeln ist eines der entscheidenden Elemente guter familiärer und außerfamiliärer Betreuung. Aus diesem Grund ist es bei Regulationsproblemen auch sinnvoll, nicht nur das Kind für sich, sondern auch dessen Beziehungen und sein soziales Umfeld zu analysieren.

Die Aussagen des National Scientific Councils zur großen Bedeutung von Selbstregulation für die Entwicklung der Persönlichkeit stehen in Einklang mit den Erkenntnissen des deutschen Forschers Julius Kuhl,[62] bei dessen PSI-Theorie die Selbstregulation eine zentrale Rolle spielt. Kuhl zufolge wird die Selbstregulation von Gefühlen durch die Fremdregulation in liebevollen personalen Beziehungen gelernt. Die Fähigkeit zur Gefühlsregulation und eine ebenfalls im Kontext liebevoller Beziehungen erworbene positive Grundhaltung (oft als „Urvertrauen" bezeichnet) sind nach Kuhl entscheidend dafür verantwortlich, ob jemand im späteren Leben selbstbestimmt handelt („er/sie ist im Einklang mit sich", „er/sie weiß, was er/sie will") und seine Ziele verwirklicht („er/sie ist willensstark").

Der gesellschaftliche Kontext: Entwicklungsbedingungen für Heranwachsende in Deutschland heute

Neben einer systematischen Grundlagenforschung zu den vielfältigen Bedingungen einer positiven kindlichen Entwicklung bedarf es einer genauen Analyse der in einem Land beziehungsweise einer Gesellschaft vorherrschenden Lebensverhältnisse sowie der sozialen und politischen Bedingungen als des Kontextes, innerhalb dessen Kindheit und Jugend erlebt werden und worin entsprechend Fördermaßnahmen konzipiert und verwirklicht werden können. Die Bedingungen für das Aufwachsen von Kindern und Jugendlichen in Deutschland haben sich in den letzten fünfzig Jahren deutlich verändert. Um aber nicht der anlässlich der Ursachenforschung zum „Erziehungsnotstand" beobachteten Verengung der Wahrnehmung zu verfallen, sollten diese Veränderungen im gesellschaftlichen Kontext möglichst differenziert und ausgewogen analysiert und beschrieben werden.

Im Folgenden sind einige für die Entwicklung von Heranwachsenden relevante Aspekte des gesellschaftlichen Wandels der letzten fünfzig Jahre in Deutschland umrissen:

Eltern haben weniger Zeit für ihre Kinder

Dies wird unter anderem zurückgeführt auf den „Niedergang des klassischen Familienmodells", womit in erster Linie die mittlerweile zur Normalität gewordene Berufstätigkeit beider Elternteile und erst in zweiter Linie die oft überdramatisierte Zunahme der Anzahl von Kindern, die bei getrennten Elternteilen aufwachsen, gemeint ist. Als zweiter Faktor, der dazu führe, dass Eltern weniger Zeit mit ihren Kindern verbringen, werden die durch veränderte Arbeitsverhältnisse erhöhten Anforderungen an Arbeitnehmer an zeitliche und räumliche Flexibilität genannt. Schließlich reduziere sich die gemeinsam verbrachte Zeit dadurch, dass die Löhne im Verhältnis zur wirtschaftlichen Belastung der Familien teilweise unangemessen niedrig seien und Eltern darum noch länger arbeiten müssten.

Wie aus den oben angeführten Untersuchungen des amerikanischen National Scientific Councils for the Developing Child hervorgeht, ist eine Unterstützung berufstätiger Eltern durch außerfamiliäre Betreuung und Erziehung aus wissenschaftlicher Sicht grundsätzlich nicht dem Kindeswohl abträglich und kann im Gegenteil in bestimmten Entwicklungsbereichen sogar förderlich sein. Wichtig ist hierbei aber, dass Kindern aus allen sozialen Schichten und Milieus die Möglichkeit gegeben wird, von einer qualitativ hochwertigen außerfamiliären Betreuung und Erziehung zu profitieren.[63]

Verschwinden von bereichernden Lernangeboten und von alltäglichen Möglichkeiten zur Interaktion mit Gleichaltrigen[64]

Früher (in Deutschland etwa bis in die achtziger Jahre) verbrachten die Kinder ihre Freizeit hauptsächlich unbeaufsichtigt beim Spielen mit anderen Kindern. Beim Spielen in der verkehrsberuhigten Straße oder der Natur kamen sie mit vielen anderen Kindern in Kontakt, die hinsichtlich persönlicher Eigenschaften und sozialer und kultureller Herkunft eine relativ große Heterogenität aufwiesen. Zudem förderten Lebensumwelten wie Straßen, Wiesen und Wälder die kindliche Bewegungsfreude. Heute verbringen viele Kinder ihre Freizeit nach Terminkalender. Sie sind in Vereinen, Musikschulen und anderen Födereinrichtungen, bekommen Nachhilfeunterricht; selbst Spielkontakte mit Kindern werden verabredet – mehr als zwei Drittel der Spielkontakte kommen auf diese Weise zustande. Weiterhin verbringen viele Kinder einen größeren Teil ihrer Freizeit als früher vor dem Fernseher beziehungsweise dem Computer. Kinder aus sozial benachteiligten Familien sind vom Verlust natürlicher und „öffentlicher" Lern- und Beziehungsangebote besonders stark betroffen.

Zunehmende Heterogenisierung der Gesellschaft sowie tiefgreifender Wandel der gesellschaftlichen Werte

Phänomene wie die Ausdünnung des Mittelstands oder die Zunahme des Anteils von Mitbürgern mit migrativem Hintergrund sind bedeutsame Teilaspekte der gesellschaftlichen Heterogenisierung in Deutschland. Möglicherweise von noch größerer Bedeutung, gerade auch im Hinblick auf Bildung und Erziehung, ist der tiefgreifende Wandel von Werten und Einstellungen, der auch innerhalb der traditionellen soziologischen Gruppen zu vermehrter Heterogenität geführt hat. In der *Bewertung* dieses Wandels gehen die Stimmen jedoch weit auseinander. Während Ronald Inglehart einen verstärkten Wandel von materiellen zu postmateriellen Werten wie „Selbstverwirklichung" seit den siebziger Jahren feststellte und darin eine Tendenz zu mehr Freiheit und individuellem Engagement begrüßte,[65] beklagte Elisabeth Noelle-Neumann einen Werteverfall seit etwa dieser Zeit, der durch einen Verlust von festen Bindungen, Gemeinsinn, Autorität und Sekundärtugenden wie Ordnungsliebe und Fleiß gekennzeichnet sei, und nahm damit die Argumentationen aus Bernhard Buebs *Lob der Disziplin* weitgehend vorweg.[66] Helmut Klages befürwortete dagegen eine Synthese von Pflicht und Akzeptanzwerten (wie Ordnungsliebe und Fleiß) auf der einen Seite und Selbstentfaltungswerten auf der anderen Seite. Im Gegensatz zum „Konventionalisten" (Überbetonung von Pflicht und Akzeptanzwerten) und zum „Idealisten" (Überbetonung der Selbstentfaltungswerte) würde der Typus des „Realisten" eine solche Synthese anstreben.[67] Nach der *Shell Jugendstudie 2006* zeichnet sich die Mehrheit der heutigen Jugend durch eine realistische Haltung in diesem Sinn aus.[68] Zur Heterogenisierung der Gesellschaft trägt nach Gerhard Schulze auch die Tatsache bei, dass der Einzelne immer mehr zum Konstrukteur seiner eigenen Identität wird und dabei auf vielfältige Orientierungsangebote zurückgreifen kann.[69]

Orientierungs- oder Perspektivlosigkeit vieler Heranwachsender aufgrund der unsicheren wirtschaftlichen Verhältnisse

Auch wenn das Wertesystem der Mehrheit der heutigen Jugendlichen in Deutschland stabil und positiv ausgerichtet und durch Leistungsbereitschaft, Engagement und Orientierung an konkreten und nahe liegenden Problemen geprägt ist, ist der in der *Shell Jugendstudie*

2002 festgestellte fröhliche Optimismus mittlerweile etwas gedämpft.[70] Während im Jahr 2002 noch 56 Prozent der Jugendlichen die eigene Zukunft eher zuversichtlich sahen,[71] sind dies 2006 nur noch fünfzig Prozent. Nach der *Shell Jugendstudie 2006* sind die Jugendlichen heutzutage deutlich stärker besorgt, ihren Arbeitsplatz zu verlieren beziehungsweise keine adäquate Beschäftigung finden zu können, als noch vor vier Jahren. In diesem Sinne lässt sich die stärkere Orientierung an traditionellen Werten auch als Zeichen von Verunsicherung deuten.

Ob Schüler optimistisch oder pessimistisch in die Zukunft schauen, hängt in Deutschland in hohem Maße von der Schulform ab. Nur 38 Prozent der Hauptschüler blicken mit Zuversicht in die eigene Zukunft; bei Gymnasiasten sind es immerhin 57 Prozent (*Shell Jugendstudie 2006*).

Besonders düster ist die Perspektive der Jugendlichen, die die Schule ohne einen Hauptschulabschluss verlassen. Trotz Versprechungen und Bemühungen der Politik um Besserung liegt die Zahl der Jugendlichen ohne Schulabschluss seit Jahren relativ konstant bei katastrophalen 80.000 pro Jahr.[72] Überproportional vertreten sind bei den Schulabbrechern männliche Jugendliche, Jugendliche mit migrativem Hintergrund sowie Jugendliche aus den neuen Bundesländern.[73]

Weitere Faktoren wie Stress, Bewegungsmangel, Umweltgifte, Drogen und Lärm haben in den letzten fünfzig Jahren zusehends an Bedeutung gewonnen und prägen die alltägliche Umwelt sowohl von Erwachsenen als auch von Kindern und Jugendlichen. Ihre Auswirkungen sind vielfältig und betreffen nicht nur die körperliche Gesundheit, sondern oft auch die Lern- und Konzentrationsfähigkeit, das Selbstwertgefühl oder die Fähigkeit, soziale Kontakte zu knüpfen und zu erhalten.

Zusammenfassung und Folgerungen für die Praxis

Wer sich mit Fragen nach einer besseren Erziehung und Bildung in Deutschland beschäftigt, wird zunächst mit der großen Klage über einen eklatanten „Erziehungsnotstand" konfrontiert. Allgemein werden mangelnde Aufmerksamkeit und Konzentrationsfähigkeit, unsoziales Verhalten und eine zunehmende sprachliche Verarmung kritisiert, wie es sie „früher" nicht gegeben habe. Bei näherer Betrachtung zeigt sich jedoch, dass diese Probleme keineswegs bei allen Kindern zu beobachten sind, dass ein Hauptproblem gerade von Grundschulen aber in der großen Heterogenität der Schülerinnen und Schüler hinsichtlich ihrer Lernbereitschaft und -fähigkeit besteht.

Als mutmaßliche Hauptursachen für die Veränderungen werden in der öffentlichen Diskussion immer wieder die Veränderung der familiären Strukturen in Deutschland (mehr Scheidungskinder, Alleinerziehende und Einzelkinder, mehr Kinder mit Migrationshintergrund), der vermehrte Konsum elektronischer Medien bei Kindern und Jugendlichen, die vermehrte außerfamiliäre Betreuung von Kindern, die vermehrte Häufigkeit des Aufmerksamkeitsdefizitsyndroms (ADHS) und last but not least ein allgemeiner Werteverfall genannt. Bei einer Betrachtung entsprechender Statistiken zeigt sich zunächst einmal, dass Attribute wie elterliche Scheidung, Aufmerksamkeitsdefizitsyndrom oder exzessiver Konsum elektronischer Medien auch in der heutigen Zeit in Deutschland immer noch eher kleine Minderheiten von Kindern betreffen und dass die anteilsmäßige Zunahme solcher Attribute bei Kindern in den letzten Jahren in der öffentlichen und medialen Diskussion oft übermäßig dramatisiert wird. Was den angeblichen Werteverfall angeht, kommt die *Shell Jugendstudie 2006* im Gegenteil zu dem Ergebnis, dass die Mehrzahl der heutigen Jugendlichen hohe Leistungsbereitschaft und Engagement zeigt, Schwierigkeiten und Probleme anzugehen, ihnen aber daneben Werte wie Familie und soziale Verbindlichkeit einen wichtigen Rückhalt darstellen.

Weiterhin sprechen zahlreiche wissenschaftliche Studien dafür, dass Faktoren wie die sozialen, ökonomischen und kulturellen Ressourcen von Familien, das elterliche Erziehungsverhalten oder die Qualität der emotionalen Beziehung zwischen Kind und Eltern einen wesentlich stärkeren Einfluss auf das Wohlbefinden und die positive Entwicklung von Kindern haben als etwa elterliche Scheidung, vermehrter Konsum elektronischer Medien oder die Dauer der außerfamiliären Betreuungszeit.

Der Ruf nach mehr Disziplin, der häufig als Antwort auf den konstatierten „Erziehungsnotstand" laut wird, sollte ebenfalls kritisch betrachtet werden. Zwar sind Regeln und deren Einhaltung wichtig für das Miteinander und spielen auch beim Lernen eine nicht zu unterschätzende Rolle, aber eine um ihrer selbst willen durchgesetzte Disziplin kann zerstörerisch wirken.

Statt zur Erklärung wie zur Beseitigung von Schwierigkeiten auf einen einzigen Faktor zu setzen, hat es sich als konstruktiver erwiesen, von einem komplexen Zusammenspiel vieler unterschiedlicher Einflüsse und Wirkfaktoren auszugehen. Eine vorbildliche systematische Erforschung der vielfältigen Chancen und Risiken für die Entwicklung von Kindern und Jugendlichen wird seit einigen Jahren in den USA betrieben und führte unter anderem zu den folgenden Erkenntnissen, die sich größtenteils auch auf Deutschland übertragen lassen:

- Sichere, vertrauensvolle und zugleich anregende Beziehungen sind die Grundvoraussetzung einer förderlichen kindlichen Entwicklung.
- Die Beziehungen des Kindes zu seinen primären Bindungspersonen (also im Normalfall zu seinen Eltern) haben einen entscheidenden Einfluss auf die kindliche Entwicklung. Dabei ist die Qualität der Beziehungen wichtiger als die reine Betreuungszeit.
- Von großer Bedeutung sind weiterhin kinderfreundliche Lebensumwelten mit einem reichhaltigen Lern-, Spiel- und Beziehungsangebot.
- Emotionale, kognitive und soziale Entwicklung sind untrennbar miteinander verbunden.
- Das Wachstum von Selbststeuerung ist von Beginn an ein Grundstein menschlicher Entwicklung.
- Psychischer Stress, schlechte Ernährung, Mangel an Bewegung oder Umweltgifte können bei entsprechender Ausprägung die Entwicklung ernsthaft beeinträchtigen.
- Entwicklungs- und Verhaltensstörungen im klinischen Sinn wie etwa ADHS oder Legasthenie bedürfen einer frühen und störungsspezifischen Behandlung beziehungsweise Förderung. Die Abgrenzung zwischen „normalen" Verhaltensauffälligkeiten und spezifischem Behandlungsbedarf ist oft schwierig und verlangt Expertenkompetenz.
- Bei der Diagnose von Entwicklungs-, Verhaltens- oder schulischen Problemen sollte auch die Möglichkeit kindeswohlgefährdenden Verhaltens seitens der Eltern einbezogen werden (Missbrauch, Vernachlässigung, Gewalt in der Familie, Beeinträchtigung der Erziehungsfähigkeit durch psychische Störungen oder Drogenmissbrauch). „Keine Erziehung ohne Beziehung."

Gute Lehrer und gute Gemeinschaften als Basis einer gelingenden Erziehung

Gute Lehrer braucht das Land!

Mr Keatings erste Englischstunde

Die Schüler des traditionsbewussten Elitejungeninternats Welton Academy starten in ihren ersten Schultag. Nach drei anstrengenden Stunden klassischen Frontalunterrichts in Chemie, Mathematik und Latein sind sie schon etwas ermüdet, warten nun aber gespannt auf den neuen Englischlehrer Mr Keating. Dass dies keine gewöhnliche Schulstunde wird, erahnen die Schüler bereits unmittelbar nach dem Klingelzeichen, da der Lehrer das Läuten gelassen ignoriert und einfach ein paar Minuten ruhig sitzen bleibt. Dann steht er auf, schlendert durch den Klassenraum und raunt den irritierten Jungen zu: „Ihr geschmeidigen jungen Hirne." Plötzlich springt er auf ein Schulpult und ruft: „‚Oh Captain, mein Captain!' – Wer weiß, von wem das ist? Wer weiß es? Keine Ahnung? ... Es ist aus einem Gedicht von Walt Whitman über Mr Abraham Lincoln. Also, Sie sprechen mich entweder mit Mr Keating an – oder, wenn Sie etwas mutiger sind, sagen Sie ‚Oh Captain, mein Captain!'" Einige Minuten später fordert Mr Keating die Schüler auf, mit ihm den Klassenraum zu verlassen, und führt sie zu einem Glaskasten, in dem Klassenfotos vergangener Jahrgänge des Internats hängen. Er fordert die Schüler auf, die Jungen auf einem älteren Foto zu betrachten:

Diese Jungen unterscheiden sich nicht besonders von Ihnen, oder? Dieselben Haarschnitte wie Sie. Strotzend von Hormonen, genauso wie Sie. Unbesiegbar fühlen sie sich, genauso wie Sie. Ihre Augen sind voller Hoffnung, sie glauben, für große Dinge bestimmt zu sein, genauso wie Sie. Warteten sie möglicherweise zu lange, um aus ihrem Leben auch nur einen Schimmer von dem zu machen, was möglich gewesen wäre, bis es irgendwann zu spät war? Denn nun, Gentlemen, düngen diese Jungen auf dem Friedhof Narzissen. Doch wenn Sie jetzt ganz aufmerksam hinhören, können Sie hören, wie diese Jungen Ihnen ihr Vermächtnis zuflüstern. Hören Sie genau hin! Hören Sie es? „Carpe ..." Hören Sie? Carpe, carpe diem, nutzen Sie den Tag, machen Sie Ihr Leben außergewöhnlich!

Bei den meisten der Schüler hinterlässt diese erste Englischstunde einen tiefen Eindruck, der sich in den folgenden Stunden sogar noch verstärkt.

Die erste Englischstunde des Mr Keating an der Welton Academy in dem Hollywoodfilm *Der Club der toten Dichter*[74] unterscheidet sich in mehrfacher Hinsicht von einer herkömmlichen Unterrichtsstunde. Schon indem Mr Keating das Klingelzeichen am Stundenanfang ignoriert, rebelliert er gegen das traditionelle Schulmodell, bei welchem ähnlich wie in einer Fertigungshalle spezielles Wissen auf eine relativ mechanische Weise in vorgegebenen Zeiteinheiten „verabreicht" wird. Statt die Schüler als passive Wissensempfänger anzusehen, appelliert er an ihre geistige Beweglichkeit („Ihr geschmeidigen jungen Hirne!"). Durch die Aufforderung, ihn mit „Mein Captain!" anzureden, bietet Mr Keating den Jungen an, die Lehrer-Schüler-Beziehung persönlicher als üblich zu gestalten. Das gemeinsame Verlassen des Klassenraums zur Erkundung der Umgebung weist auf eine größere Orientierung des Unterrichts am wirklichen Leben hin. Durch die Betrachtung der Klassenfotos und die Aufforderung „Nutze den Tag!" ermutigt Mr Keating dazu, selbständig zu denken und das Schicksal in die eigenen Hände zu nehmen.

Der Film *Der Club der toten Dichter* hat mittlerweile unter Jugendlichen wie unter Erwachsenen Kultstatus erreicht. Viele sehen in Mr Keating einen nahezu idealen Lehrer und Erzieher, einen Menschen, der mit großer Leidenschaft und Engagement seine Schüler unterrichtet. Durch den Film wird eine Botschaft vermittelt, welche die angelsächsische Internatsfiktion bereits seit den Anfängen (etwa *Nicholas Nickleby* von Charles Dickens oder *Jane Eyre* von Charlotte Bronte) stark geprägt hat: dass erfolgreiche schulische beziehungsweise öffentliche Erziehung in hohem Maß von der Kompetenz, Persönlichkeit und dem Engagement des einzelnen Lehrers oder Erziehers abhängig ist und dass eine über die fachliche Ebene hinausgehende positive gefühlsmäßige Beziehung zwischen Lehrer und Schüler eine wichtige Voraussetzung für erfolgreiches Lernens ist.

Wie wird Schule gut?

Nach einer Studie der Unternehmensberatungsfirma McKinsey hängt die Qualität der schulischen Erziehung in erster Linie davon ab, wie gut das pädagogische Personal ist. Einheitsschule oder mehrgliedrige Schule, kleine oder große Klassen, Gruppen- oder Frontalunterricht – all diese viel diskutierten Aspekte spielen laut der McKinsey-Studie *How the world's best-performing school systems come out on top* (Wie die weltbesten Schulsysteme an die Spitze kommen)[75] aus dem Jahr 2007 keine große Rolle für den schulischen Erfolg der Lernenden. Die Autoren Michael Barber und Mona Mourshed untersuchten 25 ausgewählte Schulsysteme weltweit.[76] Schulsysteme, die besonders gut abgeschnitten hatten, das zu betonen ist gerade in Deutschland nicht unwichtig, maßen sie daran, ob *jedes* Kind darin erfolgreich sein kann. Im Ergebnis stellten die Forscher fest, dass der Lernerfolg der Schüler in erster Linie durch die fachliche Qualität der Lehrer bestimmt wird.

Barber und Mourshed unterstreichen in ihrer Auswertung, dass in den Nationen mit den besten Schulsystemen der Welt nach den Maßstäben der PISA-Studien (etwa Finnland, Südkorea oder Singapur) der Lehrerberuf von den Studenten als eine der attraktivsten Karrieremöglichkeiten gesehen wird und die Lehramtsstudierenden zu den zehn Prozent der Besten ihres Fachs an der Universität gehören. Zudem wird in den besten Schulsystemen der Welt viel Wert auf berufliche Fortbildung, Feedback und Austausch gelegt. So weisen die Autoren darauf hin, dass in den Top-Schulsystemen bis zu zehn Prozent der Gesamtarbeitszeit der Lehrer für die professionelle Fortbildung genutzt wird. Weiterhin sei es bei vielen dieser Systeme eine übliche Praxis, dass sich die Lehrer regelmäßig in ihren Klassen besuchen, um sich gegenseitig Feedback über ihren Unterricht zu geben.

Die McKinsey-Studie fasst ihre Ergebnisse in drei Punkten zusammen, die erfüllt werden müssten, um ein hervorragendes Schulsystem zu schaffen:

- Die richtigen Menschen für den Beruf des Lehrers zu gewinnen,
- diese dann beständig in ihren Fähigkeiten weiterzuentwickeln, um sie zu bestmöglichen Lehrern zu machen, sowie
- jedem Kind den bestmöglichen Unterricht in seiner Klasse zu ermöglichen.

Doch was macht einen besonders guten Lehrer aus?

Fachkompetenz oder Sozialkompetenz? Was sich Schüler *unter einem guten Lehrer vorstellen*

Der Film *Der Club der toten Dichter* und die McKinsey-Studie von Barber und Mourshed scheinen zunächst dieselbe Botschaft zu vermitteln: Eine gute Schule braucht vor allem gute Lehrer! Wie kann man nun benennen, was einen guten Lehrer ausmacht? Die McKinsey-Studie beruft sich auf eine amerikanische Untersuchung, in der es heißt: „‚a teacher's level of literacy, as measured by vocabulary and other standardized tests, affects student achievement more than any other measurable teacher attribute'".[77] Hier scheint also die sprachliche und sonstige Bildung des Lehrers im Vordergrund zu stehen. Bei Mr Keating gewinnt man jedoch einen anderen Eindruck. Zwar scheint er ein fachlicher Experte und guter Didaktiker zu sein, zum hervorragenden Lehrer wird er aber vor allem durch seine Persönlichkeit, sein menschliches Vorbild und besonders durch seinen emotionalen Bezug zu den Schülern.

So weit der Film. Und was sagen reale Schüler über ihre realen Lehrer? In Deutschland wurde 2007 erstmalig der Lehrerpreis „Pisagoras" verliehen, bei dem Schüler der Abgangsklassen aller Schulformen aufgerufen waren, ihre Lieblingslehrer vorzuschlagen. Sie sollten bei der Wahl ihres Kandidaten ihre gesamte Schulzeit Revue passieren lassen und für die Beurteilung sowohl die fachliche Kompetenz als auch Aspekte der Persönlichkeit berücksichtigen. Die 16-köpfige Jury, welche die herausragendsten Pädagogen auswählen sollte, erhielt fast 4.000 Antworten. Aus diesen rekonstruierten Redakteure der *Zeit*[78] Lehrerprofile, die sich jeweils aus Zuschriften mehrerer Schüler zusammensetzten. Drei dieser Profile sind im Folgenden wiedergegeben.

Birthe Flathmann, Lateinlehrerin an der Alexander-von-Humboldt-Gesamtschule in Wittmund (Ostfriesland):

Frau Flathmann ist sehr emotional im Unterricht. Wenn wir Vokabeln lernen sollten und wir das nicht gemacht haben, ist sie so traurig, dass wir ein schlechtes Gewissen kriegen und uns am Nachmittag doch hinsetzen, um zu lernen. Sie begeistert uns alle für das Fach Latein, sodass keiner aus unserer Klasse Latein abgewählt hat. Frau Flathmann gibt Noten nach Gerechtigkeit und nicht nach Aussehen oder privaten Vorlieben. Also Daumen hoch für unsere Superlehrerin. Geduld hat sie auch, und das nicht zu wenig. Sie, die Superfrau, löst alle Probleme, ob es mit der Liebe zu tun hat oder ob es einfach ein Schulproblem ist, sie macht das schon. Auch wenn ein Schüler Schwächen hat, werden diese angefasst, und es wird nicht darüber hinweggesehen. Sie ist einfach einzigartig.

Hans Glas, Physik- und Mathelehrer am Josef-Effner-Gymnasium in Dachau:

Herr Glas ist ein besonderer Mensch, der sich mit ganzem Herzen für uns Schüler einsetzt und uns in unserer Verschiedenartigkeit achtet und unterstützt. Er sieht uns nicht als Arbeitsmaschinen, sondern als Menschen, denen er für ihr zukünftiges Leben nicht nur das nötige Wissen, sondern auch ein Gespür für das Gegenüber und Verständnis für die Welt vermitteln will. Er ist aufrichtig und auch bereit, Versäumnisse und Fehler einzugestehen. Herr Glas ist ein Lehrer, dem seine Schüler wahnsinnig wichtig sind. Als unser Kollegstufenleiter sorgt er sich um die schulischen Probleme eines jeden Einzelnen und hat zu jedem eine freundschaftliche Beziehung. Er war bei vielen von der Kollegstufe organisierten Veranstaltungen, ja hat sogar Silvester auf unserer Party mitgefeiert. Er lebt für die Schule und seine Schüler, freut sich mit ihnen und unterstützt sie. Ein Beispiel hierfür wäre sein Angebot, sogar in den Ferien Mathe-Tage als Vorbereitung auf das Abitur einzulegen. Eine Schule ohne Herrn Glas ist für mich undenkbar.

Heinz Göbel, Lehrer für Mathe, Physik und Astronomie am Hans-Thoma-Gymnasium in Lörrach:

Herr Göbel ist der einzige Lehrer auf unserer Schule, der keine Lieblingsschüler hat, für ihn sind alle gleich. Wir haben noch nie so viel Mathe verstanden wie bei ihm, was sich auch in unseren Noten niederschlägt. Seine Matheklasse schneidet beim Abitur immer am besten ab, dies zeigt doch, dass sein Unterricht irgendwas hat, was andere nicht haben. Wir wissen nicht genau, was es ist, seine liebe Art, seine Tricks, die uns das Lösen der Aufgabe viel einfacher machen, oder seine Geduld? Selbst für den Unmotiviertesten wird Mathe interessant gemacht. „Wenn Sie mal wieder zu viel Bier trinken, müssen Sie doch berechnen können, nach welcher Zeit Sie wieder Auto fahren können", sagt er dann. Er lässt jeden zu Wort kommen und fragt auch öfter die, die eigentlich nicht so viel Ahnung haben, nach ihren Ansätzen und fühlt sich immer in deren Denkweise ein. Auch sind wir ihm so wichtig, dass er noch ein zusätzliches Fach übernommen hat, nämlich Astronomie. Und er bekommt nicht mal Geld dafür. Herr Göbel schwimmt in Überstunden. Unser Direktor hat gemeint, dass er Astro nicht stattfinden lassen möchte, da er Herrn Göbel dafür nicht bezahlen könne – und nun macht er es nur für uns und aus reiner Freude am Unterricht.

In allen Beispielen wird ein starker emotionaler Bezug des Lieblingslehrers zu den Schülern betont: Der Lehrer achtet die Schüler in ihrer Verschiedenheit und Einzigartigkeit, er beachtet Schwächen und Probleme einzelner Schüler und bietet konkrete Unterstützung an und er hat nicht nur für schulisch-fachliche, sondern auch für private Angelegenheiten ein offenes Ohr. Indem ihm die Schüler sehr wichtig sind, zeigt er sein Engagement, indem er keinen Schüler bevorzugt oder benachteiligt, seine Gerechtigkeit. Auch eine Umfrage, die die Initiatoren des „Pisagoras"[79] unter Schülern durchführten, ergab, dass ein guter Lehrer für Schüler vor allem gerecht und engagiert sein sollte. Für 84 Prozent der Befragten sollte ein guter Lehrer „Gerechtigkeit und Fairness" mitbringen, und für 78,5 Prozent „Motivation und Engagement". Auf den Plätzen drei bis fünf unter insgesamt 27 Kategorien folgten „Dialog- und Kritikfähigkeit" (57,2 %), „Wissen im jeweiligen Fachbereich" (55,7 %) und „Verständliche Präsentation der Lehrinhalte" (55,1 %). Diese Ergebnisse sprechen, mehr als für die *literacy* der McKinsey-Studie, für das Modell Keating: Die Fachkompetenz eines Lehrers ist somit für deutsche Schüler wichtig, seine Sozialkompetenz ist aber noch wichtiger.

Flämische Schüler urteilten ganz ähnlich wie die deutschen und beschrieben ihren idealen Lehrer als eine Figur, die dem edlen Rächer Zorro gleicht. Nach einer Online-Befragung von 7.000 Schülern stellte die flämische Zeitschrift *Klasse*[80] fest: Der ideale Lehrer ist klug, mutig und höflich und mit Stil tritt er gerade für die Schwächsten ein. „Für die Schüler ist eine gute Lehrkraft sozial eingestellt, engagiert, geduldig, flexibel", schrieb die Zeitschrift. Und wer jetzt vermutet, dass flämische Schüler eben durch moderne Kuschelpädagogik „verweichlichte Luschen" seien – weit gefehlt! Laut der PISA-Studie schneiden flämische Schüler in allen Bereichen (Lesen, Mathematik, Naturwissenschaft) exzellent ab, ein unabhängiges Flandern wäre noch vor Finnland und Südkorea Mathematikweltmeister mit immerhin einem guten Schuljahr Vorsprung vor dem deutschen Mathematikprimus Bayern.[81]

Die Betonung des voraussetzungslosen Engagements des guten Lehrers für jeden einzelnen Schüler stimmt auch mit der Parole überein, die nach Arnold[82] den PISA-Sieger Finnland eigentlich stark gemacht hat: „Wir kränken keine Schüler." Gerade mit den „schwierigen" Schülern müsse man in Kontakt bleiben und ihre Potenziale und Fähigkeiten stärken.

Deutsche Lehrer haben keinen sonderlich guten Ruf. Sie werden in der öffentlichen Diskussion in den Medien eher nicht als engagierte Mr Keatings oder edle Zorros hingestellt. Wie Zorro wird ihnen allerdings unterstellt, dass sie ein Doppelleben führen. Derselbe Lehrer, der am Morgen seinen Unterricht unvorbereitet, träge und lustlos runterreißt, wirkt plötzlich wie verwandelt, wenn man ihn ab 13 Uhr bei seinen Freizeitaktivitäten auf dem Tennisplatz oder auf dem Wasser beim Surfen und Segeln beobachtet: Da ist er auf einmal hochengagiert und voll bei der Sache. Wenn er dabei doch wenigstens aus Scham eine Maske tragen würde wie Zorro! Aber nein, dem deutschen Lehrer scheint es keine Gewissensbisse zu verursachen, dass er sich bereits am frühen Nachmittag vergnügt, wenn normale Arbeitnehmer noch eine lange Zeit harter Schufterei vor sich haben. Dazu kommt noch, dass deutsche Lehrer sowieso ständig Urlaub haben, den sie ausgiebig nutzen, um ganztägig ihren Freizeitinteressen nachzugehen, gern auch auf ihrer Finca in Mallorca, die von den Steuergeldern ehrlicher deutscher Arbeitnehmer finanziert ist. Dem Motto „Jede Wahrheit braucht einen Mutigen, der sie ausspricht" folgend, redete Altkanzler Gerhard Schröder am 29.3. 1995, damals noch als Ministerpräsident von Niedersachsen, im Interview mit einer Schülerzeitung Klartext: „Also Freunde, ihr wisst doch ganz genau, was das für faule Säcke sind."[83]

Die Wirklichkeit sieht freilich etwas anders aus. Denn die Zeit des reinen Unterrichts macht nur etwa die Hälfte aller Lehrerarbeiten aus. Die andere Hälfte besteht aus Vor- und Nachbereitung des Unterrichts, Korrekturarbeiten, Besprechungen mit Kollegen, Eltern und Schülern, aus Konferenzen und Schülerexkursionen. Bei einem Lehrer, der zwei Sprachen unterrichtet, beziffert sich allein der jährliche Korrekturaufwand auf bis zu 1.000 Stunden (bei sechs Sprachklassen mit insgesamt 180 Schülern). Die Untermehmensberatung Mummert + Partner befragte in den Jahren 1997 und 1998 eine Stichprobe von mehr als 6.500 Lehrkräften an 184 Schulen in Nordrhein-Westfalen nach ihrem Arbeitsaufwand.[84] Im Vergleich zum öffentlichen Dienst (Jahresarbeitszeit 1.702 Stunden pro Jahr bei einer 38,5-Stunden-Woche) lag die durchschnittliche Arbeitszeit von Lehrern bei allen Schulformen höher (zwischen 1.750 Stunden pro Jahr (Grundschule) und 1.976 Stunden pro Jahr (Gesamtschule)). Entgegen den landläufigen Vorurteilen weisen deutsche Lehrer nach einer Analyse der EU-Kommission auch im Vergleich mit ihren Kollegen aus anderen europäischen Nationen durchschnittlich die meisten Arbeitstunden auf.

Vor allem aber sind deutsche Lehrer in starker Weise physisch und psychisch belastet. In einer Studie im Jahr 2003 haben Wissenschaftler der Universität Bremen 178 Lehrer und Lehrerinnen an fünf Bremer Schulen ein bis zwei Wochen lang in ihrem Arbeitsalltag begleitet.[85] Sie beobachteten den Unterrichtsverlauf und nahmen bei allen Testpersonen ein Langzeit-EKG auf, aus dem Beschleunigungen und Verlangsamungen der Herztätigkeit kontinuierlich ermittelt wurden. Daraus wurden Aussagen über Anspannung und Entspannung gewonnen. Lehrerinnen und Lehrer stellten sich außerdem für eine medizinisch-psychologische Testbatterie zur Verfügung und füllten einen umfassenden Fragebogen aus, der sie danach befragte, durch welche Merkmale ihres Berufs sie sich mehr oder weniger stark belastet fühlten. Die Untersuchungsergebnisse zeigten vor allem eines: Die Mehrheit der Lehrer leidet unter körperlichen und seelischen Belastungsfolgen und ist gesundheitlich beeinträchtigt. Als einer der größten Belastungsfaktoren stellte sich der Lärm dar, den Schülerinnen und Schüler machen. Auffällig ist der geringe Erholungswert von Unterrichtspausen, so dass die psychophysische Leistungsfähigkeit der Lehrer im Laufe des Tages erheblich abnimmt. Bei der Mehrzahl der Testpersonen treten dauernde gesundheitliche Schwierigkeiten auf, wie Ernährungsstörungen, Beschwerden im Bewegungsapparat oder Kreislaufprobleme. Hinzu kommen psychische Probleme wie erhöhte Reizbarkeit, Schlafstörungen und verminderte Konzentrationsfähigkeit. Bei vielen Lehrkräften summieren sich diese Probleme zum Burnout-Syndrom, unter dem etliche Lehrerinnen und Lehrer so stark leiden, dass sie vor dem Eintritt in das Renten- oder Pensionsalter arbeitsunfähig sind.

Belastend ist sicherlich auch das geringe Ansehen von Lehrern in weiten Teilen der deutschen Bevölkerung. In kaum einer anderen Gesellschaft werden diejenigen, die sich der Erziehung und Bildung der Kinder und Jugendlichen widmen, mit so wenig Respekt und Achtung für ihre Leistung bedacht wie in Deutschland. Während nicht wenige Eltern sich von der Erziehung ihrer Kinder überfordert fühlen, überschütten sie doch diejenigen, die sich Tag für Tag mit ihrem fachlichen Wissen und ihrem persönlichen Einsatz darum bemühen, nur mit Verachtung. Dies beschreibt die Lehrerin und Schriftstellerin Gabriele Frydrich[86] in einer Glosse folgendermaßen:

Lehrer sind faul und blöde und zudem an allem schuld. Gesellschaftlichen Problemen gehen sie nämlich aus dem Weg. Deshalb müssen die Schulaufsicht und die Presse des Landes ständig Direktiven erteilen, um die Lehrer daran zu erinnern, wofür sie eigentlich alles zuständig sind und wofür sie ihre dicke Knete kriegen! Nicht nur für ihren tödlichen Mathematik- und lebensfremden Erdkundeunterricht, sondern natürlich auch für alle anderen Belange des Lebens. Aber davor drückt sich der Lehrer ja gerne und will die ganze Erziehungsarbeit auf die armen berufstätigen, überforderten und allein stehenden Eltern schieben!

So verursacht der Lehrer direkt und indirekt Drogensucht, Gewaltbereitschaft, frühe Schwangerschaften durch mangelnde Sexualaufklärung und Ödnis in Kinderseelen durch fehlende Werteorientierung. Der Lehrer benachteiligt durch seine Unsensibilität die Mädchen. Der Lehrer benachteiligt die Jungen durch einseitige Förderung der Mädchen. Er bemüht sich nicht um kulturelle Minderheiten, er lernt z. B. kein Türkisch und setzt sich nicht für die Einrichtung von Gebetsräumen in Schulen ein. Der Lehrer überfordert die Schüler. Der Lehrer unterfordert die Schüler. Er verharrt in realitätsfernen Unterrichtsstoffen, derer er sich aus der mittelalterlichen Pädagogik bedient, und macht jeden modischen Schwachsinn kritiklos mit (wir verweisen hier mal freundlich-süffisant auf die Mengenlehre, die Ganzheitsmethode oder den handlungsorientierten Religionsunterricht).

Der Lehrer versagt bei allen Themen, die eine wirkliche gesellschaftliche Relevanz haben! Er klärt nicht über Umweltverschmutzung und politisch korrekte Mülltrennung auf, nicht über die Ausbeutung der Dritten Welt, die Rechtsradikalen und die Vorteile des öffentlichen Nahverkehrs. Er macht seine Augen fest zu, wenn Schüler sich prügeln, bedrohen und erpressen, hält ihre Aufputschpillen für Smarties und ihre Joints für Scherzartikel. Stattdessen spielt er Tennis, läuft Ski, fälscht seine Steuererklärung, baut Zäune um sein Eigenheim, sitzt im Bundestag oder arbeitet schlitzohrig auf seine Frühpensionierung hin. Den Rest der verbleibenden Zeit hat er hitzefrei oder geht auf Klassenfahrt, wobei er solche zusätzlichen Urlaubstage scheinheilig als Arbeitszeit rund um die Uhr deklariert!

Es ist kaum vorstellbar, dass zwischen dem Ansehen von Schule und Lehrerberuf in einem Land und der nationalen PISA-Leistung kein Zusammenhang bestehen sollte. Und diese Überlegung lässt auch die Vermutung zu, dass sich das Ansehen der Lehrer nicht zuletzt auch auf die Qualität der Schülermitarbeit auswirkt. Es ist naheliegend, dass Schüler erfolgreicher lernen können, wenn Schüler, Lehrer und Eltern an einem Strang ziehen wie etwa in Finnland, als wenn sie sich gegenseitig anfeinden wie bei uns. Jedenfalls braucht man sich nicht zu wundern, wenn die Schüler Schule und Lehrer nicht mehr ernstnehmen. Wenn ihnen von Eltern und Medien ständig vermittelt wird, dass Lehrer „faul und blöde" seien.

Auch ist es bis zu einem gewissen Grad nachvollziehbar, wenn Lehrer sich ungeachtet ihrer Professionalität innerlich zurückziehen oder zum Gegenangriff übergehen, weil sie sich nicht respektiert, verletzt oder hilflos fühlen. Wenn der Philosoph Peter Sloterdijk in einem *Spiegel*-Artikel[87] zitiert wird, dass „die deutsche Schule eine Art Impfprogramm sei, bei dem Kränkungen verabreicht werden", dann wird hier die systemische Dynamik zu sehr außer Acht gelassen, denn wahrscheinlich haben die wenigsten Lehrer ihren Beruf aus der Motivation heraus gewählt, Schüler zu kränken. Und wenn der Bildungsexperte Reinhard Kahl als Verfasser desselben *Spiegel*-Artikels beschreibt, wie aus einem Schüler der Zorn förmlich herausbricht, weil seine Mathematiklehrerin die PISA-Ergebnisse mit der Aussage kommentiert habe: „Ihr seid die blödesten Schüler auf der ganzen Welt, habe ich es euch nicht schon immer gesagt?", dann wirkt das aus dem Kontext gerissen und polemisch. Denn wer mit der heutigen deutschen Kultur ein wenig vertraut ist, könnte durchaus auf den Gedanken kommen, dass diese Lehrerin womöglich einen Witz zu machen versuchte, bei dem sie eher mit den Schülern als über sie lachen wollte. Und, auch das sei erwähnt, es wäre heuchlerisch, eine wenig wertschätzende Art des persönlichen Umgangs ausschließlich den deutschen Lehrern vorzuwerfen, wenn es hierzulande beinahe schon ein Volkssport ist, sich genüsslich an Schwächen und Fehlern anderer zu weiden, gerade auch mit Unterstützung der Medien.

Ganz allgemein können einseitige Schuldzuweisungen wie in diesem Fall gegen die Lehrer zwar eine gewisse Befriedigung verschaffen oder ein Gefühl der Sicherheit und Selbstbestätigung geben, zur positiven Beeinflussung von sozialen Systemen sind sie aber eher ungeeignet. Echte Veränderungsprozesse erfordern eine Haltung besorgter Verantwortung bei allen Beteiligten, in diesem Fall also bei Lehrern, Schülern, Eltern und Politikern. Nach Arnold beinhaltet dies auch, dass wir mit Lehrerinnen und Lehrern so umgehen, wie wir erwarten, dass sie mit ihren Schülern umgehen: sie wertzuschätzen, sie in ihren Potenzialen zu stärken, ihnen Unterstützung anzubieten und sie auf ihren Wegen zu begleiten.[88] Dies würde dem Konzept des lebenslangen Lernens entsprechen, und die Aneignungsfähigkeiten und Problemlösefähigkeiten aller Beteiligten stärken.

Exkurs: Kritik der Schlussfolgerungen der McKinsey-Studie sowie der PISA-Kriterien

Während, wie „Pisagoras" gezeigt hat, für die Schüler selbst persönliche und Beziehungsaspekte wie Gerechtigkeit, Engagement, emotionale Bindung und vorbehaltlose Unterstützung bei einem guten Lehrer noch wichtiger zu sein scheinen als fachliche und didaktische Kompetenzen, kommen die Autoren der McKinsey-Studie zu dem Ergebnis, dass ein erfolgreiches schulisches Lernen in erster Linie von der fachlichen Professionalität der Lehrer abhängig ist, die sie einerseits als deren *literacy*, zum anderen durch die Auswahl der Besten eines Jahrgangs zum Lehrerstudium sowie mit kontinuierlicher Fortbildung zu fassen suchen. Die Schlussfolgerungen der McKinsey-Studie lassen sich jedoch in mehrerlei Hinsicht kritisieren.

Aus einer systemanalytischen Sicht problematisch ist zunächst schon die Ausgangsgröße „nationales Schulsystem", wie sie auch der PISA-Studie zugrunde liegt. Denn die nationalen Testergebnisse hängen von einer Vielzahl verschiedenster Einflüsse ab, so dass allgemeine Rückschlüsse über verschiedene Schulsysteme nicht selten Trugschlüsse darstellen. Beispielsweise schmilzt der Vorsprung des „Testsiegers“ Finnlands deutlich, wenn man den Einfluss der Variablen „Sozialstatus der Migranten“ herausrechnet. Multipliziert man in allen PISA-Ländern den Anteil der Migrantenkinder mit dem ISEI (dem Sozialstatus ihrer Familien), dann erklärt das laut dem „Statistik-Guru“ Lorenz Borsche die PISA-Ergebnisse zu 85 Prozent. Oder in einfacheren Worten: Schlechte PISA-Ergebnisse korrelieren stark mit hohen Migrantenanteilen, wenn gleichzeitig der mitgebrachte Sozialstatus dieser Einwanderer niedrig ist. Ein hoher ISEI bei Migranten hingegen wird, je nach Größe dieser Gruppe, das Landesergebnis nachhaltig verbessern.[89]

Aber es kommen noch weitere Faktoren hinzu, die mehr mit kulturellen Unterschieden zwischen den Ländern als mit der Qualität des jeweiligen Schulsystems zu tun haben: Hartmut von Hentig[90] argumentiert, dass etwa das hervorragende Abschneiden Japans im Bereich Mathematik wahrscheinlich nicht auf einen besseren Unterricht zurückzuführen ist, sondern unter anderem darauf, dass in Japan ein immenser zeitlicher Aufwand betrieben wird, um die Kinder neben dem regulären Schulunterricht mit Nachhilfestunden oder in kommerziellen Paukschulen zu fördern. In japanischen Elternhäusern wird im Durchschnitt schulischer Bildung und Leistung deutlich höheres Gewicht eingeräumt als in deutschen Elternhäusern, und japanische Lehrer und Eltern ziehen hinsichtlich der schulischen und außerschulischen Erziehungsziele viel mehr an einem Strang als bei uns. Dass dies nicht immer im Sinne des individuellen Kindeswohls sein muss und dass der immense Leistungsdruck in Japan durchaus seine Schattenseiten hat, darauf gibt die traurige Tatsache einen Hinweis, dass Japan auch bei den Selbstmord- und Depressionsraten unter Jugendlichen Weltspitzenreiter ist.[91] Aber auch in Russland, wo Kinder und Jugendliche eine hohe Lesekultur besitzen, weil sie in ihrer Freizeit aus freien Stücken viel und mit Freude lesen, ist dies sicherlich nicht nur auf das Schulsystem zurückzuführen, sondern in starkem Maße auch auf das Elternhaus (interessanterweise besteht zwischen der Lesefreude und -aktivität von Schülern und ihrer PISA-Lesekompetenz kein Zusammenhang).[92]

Noch grundlegender ist eine Kritik, welche die Angemessenheit der drei als sogenannte „literacys“ bezeichneten PISA-Kriterien „Lesekompetenz“, „mathematische Grundbildung“ und „naturwissenschaftliche Kompetenz“ zur Bewertung des Erfolgs von schulischer Bildung bestreitet.

PISA orientiert sich nicht etwa an der Schnittmenge nationaler Lehrpläne, sondern postuliert einen eigenen Bildungsbegriff, der auf Englisch als „literacy“ bezeichnet wird:[93] „das Wissen, die Fähigkeiten, die Kompetenzen ... die relevant sind für persönliches, soziales und ökonomisches Wohlergehen ... Hinter diesem Konzept verbirgt sich der Anspruch, über die Messung von Schulwissen hinauszugehen und die Fähigkeit zu erfassen, bereichsspezifisches Wissen und bereichsspezifische Fertigkeiten zur Bewältigung von authentischen Problemen einzusetzen.“

Autoren wie Lehrl[94] oder Rindermann[95] argumentieren, dass die PISA-Kriterien „Lesekompetenz“, „mathematische Kompetenz“ und „naturwissenschaftliche Kompetenz“ im Grunde nichts anderes als allgemeine Intelligenz messen. Dabei wird auf den hohen Zusammenhang zwischen dem PISA- und dem durchschnittlichen IQ-Wert bei den Teilnehmernationen hingewiesen (Volkmar Weiss). Umgekehrt könnte man natürlich auch argumentieren, dass man sich bei der Konzeption von herkömmlichen Intelligenztests an eben solchen Fähigkeiten orientiert hat, welche im klassischen Schulsystem erfolgsrelevant sind.

IQ-Tests sind in der Regel so konzipiert, dass sie intellektuelle Grundfähigkeiten (die sogenannten „fluiden“

Intelligenzanteile) relativ unabhängig von Umwelteinflüssen erfassen.[96] Das bedeutet, sie würden zu einem großen Teil gerade das messen, was durch schulische Maßnahmen nur in geringem Maße beeinflusst werden kann. Träfe die Annahme zu, dass der PISA-Test im Prinzip ein Intelligenztest ist, wäre er somit ein denkbar schlechtes Instrument zur Erfassung schulischen Bildungserfolgs. Auch das Ergebnis, dass die Lesefreude und -aktivität bei Schülern in keinem Zusammenhang mit der PISA-Lesekompetenz steht, bestätigt die Vermutung, dass die PISA-Kriterien eher Intelligenz im Sinne von relativ stabilen kognitiven Fähigkeiten als irgendeine Art von Bildung erfassen.

Die Interpretation der PISA-Tests als IQ-Messung liefert nach Volkmar Weiss[97] auch eine Erklärung für die schlechten Ergebnisse der türkischen Migranten in Deutschland bei der PISA-Studie, denn in der Türkei sei der Durchschnitts-IQ mit 90 deutlich niedriger als in Deutschland mit 102 (Spitzenreiter sind Japan (105), Südkorea (106) und Hongkong (107)). Die deutschen Pädagogen würden aber nun von der Schule erwarten, dass sie das Wunder vollbringe, die türkischen Einwanderer von einem Durchschnitts-IQ-Wert von 90 auf einen Wert von 100 zu heben, und von den Bildungspolitikern und der Gesellschaft, dass sie dieses Wunder finanzierten. Obwohl es beim Vergleich von PISA 2003 zu PISA 2000 keinerlei Anzeichen für eine Entwicklung in diese Richtung gebe, sei es das erklärte Hauptziel aller bildungspolitischen Anstrengungen in der BRD.

Die zwischen den verschiedenen Nationen gemessenen Unterschiede im durchschnittlichen IQ-Wert nimmt Volkmar Weiss zum Anlass, die Kinderlosigkeit bei deutschen Akademikerinnen als Folge einer falsch verstandenen Emanzipation sowie die deutsche Immigrationspolitik anzuprangern:

Es ist der sichere Weg, um Dummheit geradezu zu züchten. Zum Glück gibt es aber keine Dummen mehr, der politisch korrekte Ausdruck für sie ist „Bildungsarme". In keinem Land der Erde gibt, laut PISA 2003, eine so hochqualifizierte Bevölkerung so viel Geld für Bildung aus mit so mäßigen Ergebnissen, wie in Deutschland. Aber kann man anderes erwarten, wenn die qualifizierte Bevölkerung die Kinder gar nicht in die Welt setzt, sondern eher ihr unqualifizierter Bevölkerungsanteil? ... 2002 waren in Westdeutschland 67,6 Prozent aller promovierten GeisteswissenschaftlerInnen kinderlos. Sie glauben zwar nicht mehr an die unbefleckte Empfängnis, aber daran, daß man aus jedem beliebigen Migrantenmädchen mit Geld und Ganztagsschule eine Nachfolgerin ihrer Geistesklasse machen kann. Dass das Frauenstudium in Deutschland ein sehr effektives Mittel zur Empfängnisverhütung ist, sollte die Pädagogen eigentlich eher traurig machen, denn welche Potenzen an klugen Müttern gehen uns auf diese Weise verloren! Selbst wenn man glaubt, daß es keine Gene gibt, sondern nur soziale Einflüsse, dann wären es doch gerade diese Mütter, diese Eltern, die ihr Wissen, ihre Erfahrungen, ihre Bildungsbürgerlichkeit an die Kinder weitervermitteln könnten und den Lehrern ein gut Teil der Arbeit abnehmen könnten.

Ich stimme Herrn Weiss darin zu, dass es bedauerlich ist, dass Akademikerinnen und Akademiker in Deutschland so wenige Kinder haben, aber was den Nutzen von öffentlicher Erziehung in Gesamtschulen oder Internaten betrifft, will ich ihm widersprechen. In meiner persönlichen Erfahrung als Leiterin des Internats Schloss Rohlstorf habe ich in zahlreichen Fällen den Prozess hautnah erleben können, wie Jungen und Mädchen mit migrativem Hintergrund, welche an Normalschulen häufig große Probleme gehabt hatten, sich durch die Erziehung im Internat tagtäglich wohler fühlten, an Selbstvertrauen gewannen und ihre schulischen Leistungen verbessern konnten. Abgesehen hiervon hat Herr Weiss in seiner Argumentation der Tatsache keine Beachtung geschenkt, dass ja gerade Ganztagsschulen oder Internate berufstätige Akademiker hervorragend darin unterstützen können, die berufliche und die Elternrolle miteinander zu vereinbaren.

Zusammenfassung und Folgerungen für die Praxis

Zusammenfassend lässt sich sagen, dass Befragungen von Schülern oder die Ergebnisse der McKinsey-Studie von Barber und Mourshed (*Wie die weltbesten Schulsysteme an die Spitze kommen*) die Botschaft bestätigen, welche der Hollywood-Kultfilm *Der Club der toten Dichter* nahelegt: dass eine erfolgreiche Bildung von Schülern in entscheidendem Maß von der Qualität des Lehrpersonals abhängt. Es wäre wünschenswert, dass diese Einsicht dazu führte, die Lehramtsausbildung zu verbessern, aber auch darauf zu achten, dass Studierende sowohl die fachliche als auch die persönliche Eignung für diesen Beruf mitbringen. Wichtig ist es aber auch, dass sich das gesellschaftliche Ansehen des Lehrerberufs und der Menschen, die ihn ausüben und Tag für Tag mit unseren Kindern arbeiten, verbessert. Schüler, Eltern und Lehrer müssen an einem Strang ziehen, statt sich gegenseitig anzufeinden, wenn Schule erfolgreich sein soll.

Die provokante Hauptaussage der McKinsey-Studie, dass sich der schulische Bildungserfolg nahezu ausschließlich auf das Fachwissen und die pädagogischen „Skills“ der Lehrer zurückführen lasse, muss jedoch in mehrerlei Hinsicht kritisiert werden, zumal wenn man als Hauptaufgabe der Schule nicht nur die Vermittlung von Wissen ansieht, sondern eine umfassende Förderung der Entwicklung von Kindern und Jugendlichen zu mündigen und verantwortungsvollen Persönlichkeiten. Die fachspezifische Kompetenz von Lehrpersonen ist zweifellos von großer Bedeutung, ebenfalls von großer Wichtigkeit sind aber auch andere Aspekte wie eine gute persönliche Beziehung zwischen Schülern und Lehrern oder förderliche strukturelle Bedingungen.

Heterogenität als Chance

Die vielleicht wichtigste Erkenntnis dervorne erwähnten Befragung von neunhundert Grundschullehrerinnen[98] war die Feststellung einer deutlich vergrößerten Heterogenität der Schülerinnen und Schüler eines Jahrgangs in nahezu allen Bereichen des Verhaltens und der Persönlichkeitsentwicklung. Der konstruktive Umgang mit der erhöhten Heterogenität der Lernenden wird somit in Zukunft zu einer zentralen Herausforderung für Erziehungs- und Bildungsorganisationen.

Beim Umgang mit der Verschiedenheit der Lernenden gibt es zwei gegensätzliche Strategien. Die erste Strategie besteht darin, möglichst homogene Lerngruppen zu bilden. So werden die Schüler in einigen deutschen Bundesländern nach Absolvierung der Grundschule gemäß ihren schulischen Leistungen auf Haupt- und Realschule und Gymnasium aufgeteilt, und in der traditionellen deutschen Gesamtschule werden Schüler entsprechend ihrem fachspezifischen Leistungsniveau auf entsprechende Kurse aufgeteilt. Noch in der ersten Hälfte des zwanzigsten Jahrhunderts war es in Deutschland üblich, Mädchen und Jungen in getrennten Gruppen zu unterrichten, und in den USA wurden zu Zeiten der Rassentrennung Schüler mit weißer und schwarzer Hautfarbe streng voneinander getrennt unterrichtet. Durch die Homogenisierung von Lerngruppen nach Leistung oder anderen Merkmalen erhoffte und erhofft man sich unter anderem, den Unterricht reibungsloser und effizienter gestalten zu können.[99]

Bei der zweiten Strategie wird die ursprünglich gegebene Heterogenität von Lerngruppen beibehalten oder es wird wie bei schwedischen oder finnischen Schulen bei der Zusammenstellung der Gruppen sogar bewusst darauf geachtet, dass sie hinsichtlich der Merkmale Geschlecht, Migrationshintergrund, soziale Herkunft, sozialer Status, schulisches Leistungsniveau und sogar Alter heterogen sind. In finnischen Schulen wird auch in hauswirtschaftlichen und handwerklichen Fächern auf Geschlechterheterogenität geachtet: Die Jungen lernen nähen und kochen, die Mädchen fertigen Metallarbeiten an.[100]

Für eine heterogene Gestaltung von Lerngruppen gibt es mehrere Begründungen. Zunächst wird die Ansicht vertreten, dass die Vorstellung homogener Lerngruppen ohnehin illusorisch sei, da jeder Lernende letztlich ein einzigartiges Individuum sei und daher auch einer individuellen Förderung bedürfe. Weiterhin würden Schüler mit bestimmten Eigenschaften durch die Zuordnung zu einer „schlechteren" Lerngruppe ausgegrenzt und demotiviert. Schließlich würden heterogene Lerngruppen vielfältigere Angebote zum sozialen Lernen und zur Sinnfindung und Werteentwicklung bereitstellen. Heterogene Gruppen seien gewissermaßen Miniaturabbildungen der Gesamtgesellschaft, in denen die Gruppenmitglieder lernen könnten, ein Bewusstsein für die Gemeinschaft zu entwickeln und Verantwortung füreinander zu übernehmen. In diesem Sinn stehen heterogene Lerngruppen auch mit einer „weichen", „weiblichen" Kultur im Einklang, bei der Werte wie Beziehungen, Lebensqualität, Hilfsbereitschaft und gegenseitiger Respekt im Vordergrund stehen.[101]

Widerstand oder Ängste hinsichtlich heterogener Lerngruppen zeigen sich in Deutschland vor allem in Bezug auf Lerngemeinschaften, in denen schulische Leistung und soziale Herkunft extrem unterschiedlich sind. In ihrem Artikel „Warum fällt es Lehrerinnen und Lehrern so schwer, mit Heterogenität umzugehen?" zitiert Sabine Reh[102] den Brief eines Volksschullehrers an sein Schulamt aus dem Jahr 1950. Darin schreibt der Verfasser, ohne eine Unterteilung der Unter-, Mittel- und Oberstufe in jeweils zwei Stufen nach Leistung, die wenigstens in Mathematik und Deutsch getrennt unterrichtet werden müssten, ließe sich ein gedeihlicher Unterricht nicht durchführen. Die Volksschule werde zur Hilfsschule, „wenn es nicht gelingt, die negative Auslese, die Auslese von schwachbefähigten Schülern, welche die Arbeitskraft des Klassenlehrers zu stark belasten, den Fortschritt der intelligenteren Schüler hemmen, das Niveau der Klassen und der ganzen Schule herunterdrücken, vorwärts zu treiben ...".

Dass eine ähnliche Einstellung auch heute noch unter deutschen Lehrern weit verbreitet ist, darauf weist der Vortrag des Präsidenten des Deutschen Lehrerverbandes, Josef Kraus, aus dem Jahr 2008 hin, indem er „Bildungsgerechtigkeit als ideologische Krücke für Gleichmacherei"[103] anprangert. Kraus argumentiert in dem Vortrag, dass so genannte Bildungsgerechtigkeit unter anderem von alt-linken, antibürgerlichen Gruppierungen als ein ideologischer Vorwand benutzt würde, um eine Politik der Gleichmacherei zu befördern, welche die natürlichen Begabungsunterschiede zwischen den Menschen ignoriere, und damit letztlich die freie Entfaltung der Persönlichkeit hemme („Gleichheit vor Freiheit"; „was nicht alle können, darf keiner können"). Die Gleichmacherei würde zu einer Senkung des allgemeinen Anspruchsniveaus führen und dies würde nicht nur die leistungsstärkeren

Jugendlichen demotivieren, sondern auch die begabteren aus benachteiligten sozialen Milieus daran hindern, sich ihrem Potenzial entsprechend zu entfalten (Jugendliche aus betuchteren Elternhäusern hätten dagegen die Möglichkeit, Bildung bei Nachhilfelehrern oder privaten Instituten in Anspruch zu nehmen). Nichts sei so ungerecht wie die gleiche Behandlung Ungleicher, eine schulische Differenzierung etwa nach Hauptschule, Realschule, Gymnasium und Sonderschule könne eine angemessene Förderung des Einzelnen erst ermöglichen.

Die PISA-Studien[104] legen jedoch nahe, dass die schulische Selektion nach Hauptschule, Realschule und Gymnasium in Deutschland entlang den sozialen Trennungslinien verläuft und dass Bildungschancen in extremem Maß nicht von der Leistung, sondern von der Herkunft abhängen, dass somit also das deutsche Schulsystem auch unter dem Gesichtspunkt einer fairen Selektion nach Leistung ungerecht ist.[105] In diesem Zusammenhang berichtet Reh[106] als Ergebnis einer Befragung von Ostberliner, Westberliner und Brandenburger Lehrkräften im Jahr 2003, dass diese eine Heterogenität nach Leistung nicht wirklich ablehnten, wohl aber die Mischung von Kindern aus Elternhäusern mit unterschiedlichen Erziehungsvorstellungen, was man nach Ratzki[107] als verdeckten Hinweis auf die soziale Schichtzugehörigkeit deuten kann.

Kraus' Zweifel sind aber insofern gerechtfertigt, als festzuhalten ist, dass eine Heterogenität von Lerngruppen hinsichtlich der Merkmale „soziale Herkunft" und „Leistungspotenzial" allein tatsächlich nicht notwendig zu einer besseren Förderung aller Schüler führt. Denn für einen optimalen Umgang mit heterogenen Lerngruppen wären weitreichende Umstrukturierungen der schulischen Organisation sowie eine intensive Schulung des Lehrpersonals erforderlich. Genau diese Notwendigkeit tiefgreifender Veränderungen könnte ein Grund für den Widerstand von Lehrern und Politikern sein.

Chancen und Risiken beim Umgang mit heterogenen Lerngruppen: Die Modelle Finnland, Schweden, England und USA

Heterogenität von Lerngruppen allein also garantiert erfolgreicheres Lernen noch nicht, sondern es muss dabei auch ein angemessener Umgang mit Heterogenität praktiziert werden. Nach Ansicht von Anne Ratzki hat Finnland von allen Ländern den konstruktiven Umgang mit Heterogenität seiner Schülerschaft am gründlichsten abgesichert:

- Durch eine Lehrerausbildung, die der Philosophie folgt: „Die Schule muss mit dem Kind mitkommen, nicht das Kind mit der Schule“, und hohe fachliche und pädagogische Professionalität vermittelt. Nicht Druck und verschärfte Kontrollen bestimmen die Methoden, mit denen die Leistungen finnischer Kinder gesteigert werden sollen, sondern eine Philosophie der Wertschätzung, Ermutigung und des Vertrauens.
- Durch eine Förder- und Forderpraxis, die die Schülerinnen zu einer starken Identifikation mit der Schule, einer hohen Motivation zum Lernen und zur Achtung vor den Lehrern führt.
- Durch ein Umfeld, das geprägt ist von schönen Gebäuden, guten Büchern und – last but not least – einem guten Mittagessen in der Schule. Die Kinder und Jugendlichen erleben, dass sie der Gesellschaft etwas wert sind, dass die Schule gut für sie sorgt.[108]

Auch in Schweden ist die bestmögliche Förderung jedes einzelnen Kindes und insbesondere auch der Kinder aus benachteiligten Milieus von Anfang an ein wichtiges Ziel gewesen. Wie in Deutschland gab es hier zunächst die Vorstellung, dass eine solche Förderung am besten durch die Bildung leistungshomogener Gruppen zu verwirklichen wäre.

Nachdem sich jedoch herausgestellt hatte, dass sich in den unteren Leistungskursen immer wieder die SchülerInnen aus sozial benachteiligten Familien häuften, wurden diese dann abgeschafft und es fand eine allmähliche Umorientierung zum individuellen Lernen und heterogeneren Lerngruppen statt. Zu einem erfolgreichen Umgang mit Heterogenität trägt in heutigen schwedischen Schulen unter anderem ein konsequentes Wertemanagement bei. Alle Aktivitäten in der Schule müssen nach schwedischem Schulgesetz in Übereinstimmung mit den Werten „Verantwortung, Respekt und Vertrauen" gestaltet werden, welche als Basis demokratischen Verhaltens angesehen werden. Die Stärkung des Selbstwertgefühls eines jeden Schülers sehen schwedische Lehrerinnen und Lehrer als eine ihrer wichtigsten Aufgaben an, was besonders bei schwächeren Schülern nicht immer einfach ist. Neben der Wertschätzung und Entwicklung der eigenen Fähigkeiten ist dabei das Bewusstsein wichtig, Fehler machen zu dürfen und aus Fehlern zu lernen ohne die Angst, sich vor anderen zu blamieren. Bis zur achten Klasse werden in Schweden keine Noten gegeben, so dass auch von dieser Seite kein Druck ausgeübt wird.[109]

Dass eine übersteigerte Ausrichtung nach Leistungsstandards sowie Kontrolle durch Tests den erfolgreichen Umgang mit heterogenen Lerngruppen beeinträchtigen kann, zeigen die Beispiele der Schulsysteme in Großbritannien und den USA. In Großbritannien wurde im Jahr 2000 von New Labour ein neues Bildungsprogramm gestartet, welches unter dem Motto „Challenge and support" („Herausforderung und Unterstützung") einerseits Schüler mit besonderen Interessen und Begabungen durch die Etablierung von Schwerpunktprogrammen unter anderem für die Bereiche Fremdsprachen, Computer, Design, Musik oder Sport motivieren sollte und andererseits schulschwierigen Jugendlichen aus den unteren Schichten Unterstützung durch eine hochqualifizierte pädagogische und psychologische Betreuung bot. Bei der Etablierung des Programms setzte der Staat auf Freiwilligkeit und lockte mit großen Geldbeträgen, womit allerdings eine kontinuierliche Überprüfung der Leistungsverbesserung aller Schüler durch speziell für diesen Zweck entwickelte Tests verbunden war. Diese Art der Überprüfung übte einen enormen Druck auf Schulen, Lehrer und nicht zuletzt auf die Schüler aus.

Um diesem Druck begegnen zu können, erschien es den Lehrern sinnvoll und effektiv, die ursprünglich heterogenen Schülergruppen nach Leistung in den einzelnen Fächern aufzuteilen. Bei diesen leistungshomogenen Gruppen tendierten die Lehrer zu einem lehrerzentrierten, vermeintlich „effektiven" Unterricht statt zu individualisierenden Verfahren, orientierten sich an den Tests und auf offenen, kreativen Unterricht oder auf eine Zusammenarbeit zwischen stärkeren und schwächeren Schülern wurde kein Wert mehr gelegt. Besonders bedenklich war die Wirkung der Fachleistungsdifferenzierung auf die Schülerinnen und Schüler: In den Interviews äußerten viele ihre Ängste, der unteren Leistungsgruppe zugeordnet zu werden. Sie fragten deshalb nicht gerne den Lehrer, wenn sie etwas nicht verstanden, um nicht als dumm zu gelten.[110]

Auch in den USA erwiesen sich rigorose Leistungskontrollen für die so genannte No-Child-Left-Behind-Politik, welche das Ziel hatte, jedem einzelnen Kind eine gute schulische Ausbildung zu garantieren, als kontraproduktiv. Folgen der Kontrolle waren unter anderem ein auf die Prüfungsanforderungen fixiertes „Testteaching", eine Vernachlässigung der Fächer, welche nicht getestet wurden, sowie alle möglichen Tricks und Betrügereien, um die Testresultate zu verbessern, bis dahin, dass schwachen Schülern empfohlen wurde, vorzeitig die Schule zu verlassen.[111]

England und die USA sind somit Beispiele dafür, wie trotz vieler guter Ideen und motiviertem Lehrpersonal die Chancen von Heterogenität verspielt werden können, wenn die falschen (finanziellen) Anreize gesetzt werden und Evaluation zur abstrafenden Kontrolle verkommt.

Zusammenfassung und Folgerungen für die pädagogische Praxis

Die immer größere Heterogenität von Kindern und Jugendlichen in nahezu allen Bereichen des Verhaltens und der Persönlichkeitsentwicklung stellt eine zentrale Herausforderung für Erziehungs- und Bildungsinstitutionen der Zukunft dar. Die Homogenisierung von Lerngruppen etwa durch eine Aufteilung nach Leistung verspricht zwar einen reibungsloseren und effizienteren Unterrichtsverlauf in den einzelnen Gruppen, in der schulischen Praxis hat sich aber oft gezeigt, dass eine Zuweisung von Jugendlichen zu den Schulformen oder Fachkursen mit geringerem Prestige stark demotivierend auf die betroffenen Jugendlichen wirkt. Heterogene Lerngruppen können weiterhin vielfältigere Angebote zum sozialen und politischen Lernen und zur Sinnfindung bieten als homogene Lerngruppen. Für ein erfolgreiches Lernen in heterogenen Gruppen bedarf es allerdings angemessener struktureller Maßnahmen, einer gezielten Schulung des Lehrpersonals und eines konsequenten Wertemanagements („Verantwortung, Respekt und Vertrauen"). Eine übersteigerte Ausrichtung nach Leistungsstandards und Kontrolle durch Tests kann den erfolgreichen Umgang mit heterogenen Lerngruppen beeinträchtigen.

Nachsatz: „Keine Erziehung ohne Beziehung"

Die Untersuchung von Forschungsergebnissen zur Optimierung des schulischen Erfolgs von Kindern und Jugendlichen hat gezeigt, dass gute Lehrer und heterogene Lerngruppen hierfür eine zentrale Rolle spielen. Dabei wurde hervorgehoben, dass die Qualität von Lehrern für Schüler vor allem in ihren sozialen Kompetenzen besteht.

Wurde in den Forschungsarbeiten zum Umgang mit Heterogenität in Finnland und Schweden der Fokus vor allem darauf gelegt, dass mit diesem Modell jedes Kind schulischen Erfolg haben kann und niemand zurückgelassen wird, wodurch letztlich auch die soziale Auslese überwunden wird, so wurde ein wesentlicher Aspekt dieses Modells bisher nicht genügend betont: Während die Diversifizierung der Schüler nach Leistungsfähigkeit zu einem großen Druck für die Einzelnen führt – so weit, wurde berichtet, dass in englischen Schulen sich die Schüler teilweise nicht mehr trauen, nachzufragen, wenn sie etwas nicht verstanden haben –, können Schüler in heterogenen Gruppen miteinander lernen und aneinander wachsen. Nicht nur unterstützen die Stärkeren die Schwächeren und lernen dabei selbst hinzu. Ein guter und realistischer Umgang mit eigenen Stärken und Schwächen kann in der Gemeinschaft besonders gedeihen. Oder, wie es Anne Ratzki formuliert: „SchülerInnen lernen die Fähigkeiten anderer respektieren, indem sie vor allem die eigenen Fähigkeiten entwickeln. Wer ein gutes Selbstwertgefühl besitzt und weiß, was er leistet, kann auch anerkennen, das ein anderer in einem Fach mehr leistet, ohne sich benachteiligt zu fühlen."[112]

In einem tieferen Sinne spielt sowohl für den Erfolg heterogener Lerngruppen als auch für die größere Zufriedenheit und den besseren Erfolg von Schülern, die mit sozial kompetenten Lehrern lernen, die Dimension der Beziehung - deren Bedeutung schon die Forschungen des NSCDC hervorgehoben hatten - eine wichtige Rolle. In den Ausführungen zu unserer pädagogischen Praxis im Internat Schloss Rohlstorf wird dieser Aspekt genauer reflektiert und konkretisiert werden.

Die Institution Internat in der Gesellschaft

Der Mythos Internat und die großen Fragen der Pädagogik

Geheimnisvolles Internat

Internate sind geheimnisvoll. Allein der Begriff „Internat“ erzeugt zahlreiche Assoziationen und Bilder, die häufig jedoch ein wenig verschwommen sind und sich nicht immer zu einem schlüssigen Ganzen zusammenfügen wollen. Zu einer typischen klischeehaften Vorstellung von einem Internat gehören hohe Mauern, welche die freie Sicht auf die Internatsanlage verhindern und den Wunsch auslösen, diese Mauern zu überklettern, um sich endlich ein genaues Bild von der anderen Seite zu machen. Vielleicht ist die Tatsache, dass die Vorgänge innerhalb von Internaten den „Externen“ nicht so einfach zugänglich sind, mit ein Grund dafür, dass Romane über Internate sehr beliebt sind. Bei Romanen verbleibt letztlich aber der Zweifel an der Authentizität und Lebensnähe der Darstellungen. Denn dass *Harry Potter* nicht unbedingt eine realistische Schilderung des Lebens in einem britischen Internat abgibt, das wissen sogar kleine Kinder.

(Oder wissen sie es etwa doch nicht? Das Phänomen, dass sich britische Kinder seit dem Erscheinen des ersten *Harry-Potter*-Buchs im Jahr 1997 wieder vermehrt wünschen, auf ein Internat zu gehen, wird inzwischen schon als „Harry-Potter-Effekt“ bezeichnet.)

Der deutsche Begriff „Internat“ unterstreicht das Geheimnisvolle, er leitet sich vom lateinischen „internus“ ab, was so viel bedeutet wie „vertraulich, im Inneren befindlich". Auch die Tatsache, dass sich Internate in Deutschland häufig als Schlösser oder Klöster präsentieren, die zudem in vielen Fällen entfernt von Wohnsiedlungen in der Natur gelegen sind, verleiht ihnen eine Aura des Geheimnisvollen und Romantischen.

Britische Internate sind dagegen allein schon dadurch, dass sie in Großbritannien sehr viel verbreiteter sind als in Deutschland, nicht ganz so geheimnisvoll wie deutsche Internate. Sie sind schon lange ein normaler Bestandteil des englischen Lebens und werden daher auch vorwiegend nüchtern betrachtet. Im Englischen werden Internate schlicht „Boarding Schools" genannt. „Boarding" heißt in diesem Zusammenhang so viel wie „Beköstigung", was beim besten Willen nicht besonders mysteriös ist. Die Tatsache jedoch, dass ein Internat quasi eine Welt für sich ist, mit einer eigenen Kultur und eigenen Normen und Werten, hat auch in Großbritannien stets die Phantasie der Menschen angeregt.

In der Realität sind die kulturellen Unterschiede zwischen deutschen Internatsschlössern oder -klöstern und britischen Beköstigungsschulen aber nicht so groß, wie man aufgrund der vorangegangenen Beschreibung annehmen könnte. In den meisten deutschen Internaten ist man sich durchaus der Notwendigkeit einer nüchtern pragmatischen Sicht auf die Dinge bewusst. Und bei britischen Boarding Schools ist man heutzutage umgekehrt vielerorts verstärkt bemüht, den Institutionen wieder mehr Individualität und „Zauber" zu verleihen.

Geheimnisvoll wirken auch Internatsschüler, die sich nach Verlassen des Internats durch hervorragende Leistungen „in der Welt" hervorheben. Der Weg zur Exzellenz ist im Vergleich zu „Externen" weniger transparent, die Entwicklung hat sich sozusagen in einer *Black Box* vollzogen. Zu denken ist etwa an die zahlreichen berühmten russischen Musiker, Tänzer und Sportler, bei denen der Grundstein für die späteren Erfolge in Internaten gelegt wurde. Oder auch an Zinedine Zidane, der als Sohn algerischer Einwanderer im Marseiller Problemviertel La Castellane aufwuchs, mit 14 Jahren am Fußballinternat der AS Cannes aufgenommen wurde und einige Jahre später als unumstritten weltbester Fußballer die ganze französische Nation mit Stolz erfüllte, als er Frankreich 1998 erstmalig zum Weltmeistertitel führte. Solche Internatsschüler weisen mit ihren Erfolgen auf ein weiteres Geheimnis von Internaten hin – nämlich auf das Geheimnis einer hervorragenden Internatspädagogik. Doch davon später.

Der Mythos Internat in Romanen und Filmen von Dickens bis Rowling

Nicht zuletzt aufgrund ihrer relativ geringen Verbreitung in Deutschland wurde das Bild von Internaten in der deutschen Öffentlichkeit stark durch die Darstellung in Romanen und Filmen geprägt. Dabei lassen sich drei Hauptströmungen unterscheiden: die klassische angelsächsische Internatsfiktion, der klassische deutsche Internatsroman sowie die Internatsjugendreihen nach 1950. Diese drei Strömungen generieren bemerkenswerte Antworten zu drei zentralen Fragen, welche im Rahmen der aktuellen Erziehungs- und Bildungsdiskussion immer wieder gestellt werden:

1. Was macht einen guten Pädagogen aus?
2. Welche Funktion haben Regeln und Sanktionen in der Erziehung?
3. Welchen erzieherischen Beitrag neben einer reinen Wissensvermittlung kann und soll eine Erziehung in der Gemeinschaft leisten?

Die angelsächsische Internatsfiktion oder die Suche nach dem idealen Pädagogen

Typisch für die klassische angelsächsische Internatsfiktion ist ein Handlungsskript, welches sich bereits bei den Pionierwerken *Nicholas Nickleby* (1838) von Charles Dickens und *Jane Eyre* (1847) von Emily Bronte findet, aber etwa auch in dem modernen Roman *Matilda* von Roald Dahl oder in dem Hollywoodfilm *Der Club der toten Dichter* (1989).

In diesen Erzählungen handelt es sich bei den Internatszöglingen um Waisenkinder oder um Kinder aus Familien, die man heutzutage als dysfunktional bezeichnen würde. Die Internatserzieher haben wenig Mitgefühl mit ihren Schutzbefohlenen, sie sind lediglich durch finanzielles Interesse motiviert oder nutzen ihre Macht dazu aus, die Kinder zu drangsalieren. Eine einzige Erziehungsperson unterscheidet sich aber von allen anderen. Diese Person zeigt Mitgefühl mit den Internatskindern und versucht diese zu schützen und zu fördern. Im Laufe der Erzählung wird außerdem die Entwicklung einer intensiven Vertrauensbeziehung zwischen der „guten" Lehrperson und einem oder mehreren der Schülerinnen oder Schüler detailliert beschrieben.

Bei Charles Dickens' *Nicholas Nickleby* arbeitet die Titelfigur als Hilfslehrer in einer Erziehungsanstalt und erkennt schnell, dass die Kinder als Mittel zum Geldverdienen missbraucht werden. Zwischen Nickleby und dem ehemaligen Schüler Smike, der für sein Essen in der Anstalt arbeiten muss, entwickelt sich eine intensive freundschaftliche Beziehung. Eines Tages verschwindet Smike, wird wieder aufgegriffen und der Anstaltsleiter will ein Exempel statuieren, indem er Smike vor den Augen der anderen Kinder totprügelt. Nickleby wirft sich dazwischen, verprügelt den Leiter und rettet damit Smike, muss aber daraufhin seine Stellung aufgeben.

In Emily Brontes Roman *Jane Eyre* wird die Heldin Jane im Internat Lowood einerseits von dem heuchlerischen Internatsleiter Mr Brocklehurst tyrannisiert, kann aber andererseits eine vertrauensvolle Beziehung mit der verehrten Schulleiterin Miss Temple aufbauen. Schließlich wird Mr Brocklehurst wegen offenkundig gewordener Verfehlungen seines Amtes enthoben und Jane wird später selbst Lehrerin am Internat.

In Roald Dahls phantastisch überzeichnetem Roman *Matilda* ist Matilda die sensible und hochbegabte Tochter eines betrügerischen Gebrauchtwagenhändlers. Die Hochbegabung Matildas wird von den primitiven Familienangehörigen nicht gewürdigt und sogar als lästig empfunden. Schließlich kommt Matilda auf eine Internatschule, in der die Kinder von der Leiterin Miss Trunchball (Fräulein Knüppelkuh) äußerst brutal behandelt werden. Miss Trunchball ist eine ehemalige Olympiateilnehmerin im Hammerwurf und benutzt die kleinen Schulmädchen als Wurfinstrumente, indem sie sie an den Zöpfen durch die Luft schleudert. Die Schullehrerin Mrs Honey (Frau Honig) setzt sich dagegen engagiert für Matilda ein und es entwickelt sich eine intensive Vertrauensbeziehung zwischen Lehrerin und Schülerin.

In dem Hollywoodfilm *Der Club der toten Dichter* ist die Welton-Akademie, ein erzkonservatives Jungeninternat an der Ostküste der Vereinigten Staaten, Handlungsschauplatz, wo die Söhne wohlhabender Eltern auf Eliteuniversitäten vorbereitet werden. Der Weg des Neuankömmlings Todd Anderson scheint vorgezeichnet, er soll in die Fußspuren seines älteren Bruders Jeffrey treten, welcher die Welton-Akademie bereits als Jahrgangsbester abgeschlossen hat. Aber die Begegnung mit dem Englischlehrer Mr Keating eröffnet dem verschüchterten Jungen neue Perspektiven. Mr Keating fordert die Schüler mit unkonventionellen Unterrichtsmethoden zu selbständigem Denken heraus und begeistert sie für

Poesie und Philosophie. Er ermuntert die Schüler dazu, neue Perspektiven einzunehmen. Er tut dies sogar im wortwörtlichen Sinn, indem er die Jungen auffordert, auf die Schulpulte zu steigen. Mit seiner Denkart stößt Mr Keating bei seinen konservativen Kollegen und den Eltern auf Widerstand, viele der Jugendlichen sind dagegen begeistert von der neuen Lebensanschauung. Todds Mitschüler Neil entdeckt unter dem Einfluss Keatings seine Leidenschaft für das Theaterspielen und gerät dadurch in einen starken Konflikt mit seinem Vater. Nach einer heftigen Auseinandersetzung mit dem Vater begeht Neil Selbstmord. Mr Keating wird für den Tod des Jungen verantwortlich gemacht und muss die Schule verlassen. Als er während des Unterrichts noch einmal in den Klassenraum tritt, um persönliche Sachen abzuholen, steigt Todd von seinem Gewissen getrieben auf das Schulpult und erweist Mr Keating mit der Anrede „Oh Captain, mein Captain" seinen Respekt. Nach und nach steigen auch weitere Schüler auf das Pult und stimmen in den Ruf ein.

Der deutsche Internatsroman: Die Anstalt als Ort der Disziplin

Im deutschsprachigen Raum entstanden am Anfang des 20. Jahrhunderts mehrere Internatsromane, die mittlerweile einen festen Platz im Literaturkanon gefunden haben. Neben Robert Musils *Die Verwirrungen des Zöglings Törless* (1906) zählen dazu Hermann Hesses *Unterm Rad* (1906) und Robert Walsers *Jakob van Gunten* (1909). Wie bei den angelsächsischen Erzählungen ist das Internat in diesen Romanen dadurch charakterisiert, dass die Erzieher wenig Mitgefühl für ihre Zöglinge aufbringen. Während jedoch in den angelsächsischen Romanen vorwiegend Egoismus, Sadismus und Heuchelei der Erzieher angeprangert werden, werden die deutschen Erzieher weitgehend als regelhörige Philister dargestellt. Der Internatsalltag ist durch übermäßige Strukturiertheit, Formalisierung und Reglementierung gekennzeichnet, wobei Sinn und Zweck von vielen dieser Routinen und Regeln, welche nicht in Zweifel gezogen werden dürfen, oft nicht mehr zu erkennen sind. Das schulische Lernen erschöpft sich weitgehend im Auswendigpauken von Inhalten, die wenig Bezug zum Alltag haben beziehungsweise deren Bezug zum Alltag nicht erklärt wird.

Die Gestalt des mitfühlenden, engagierten Erziehers als idealer Gegenentwurf fehlt in den deutschen Romanen weitgehend. Statt der Beziehung zwischen Erzieher und Schüler treten die Beziehungen und Freundschaften zwischen den Jugendlichen untereinander in den Fokus, wobei homoerotische Tendenzen relativ offen thematisiert werden.

Bei Hermann Hesse, welcher auf seine persönlichen Erinnerungen an das Klosterseminar in Maulbronn zurückgreift, wird die Geschichte des begabten, aber nicht besonders robusten Hans Giebenrath beschrieben, der im Internat im Laufe der Zeit die Motivation zum Lernen völlig verliert und schließlich, ähnlich wie Neil Perry aus dem *Club der toten Dichter*, verzweifelt Selbstmord begeht. In dem Roman scheint der Zweck des deutschen Bildungssystems darin zu bestehen, den natürlichen Menschen zu zerbrechen und gewaltsam einzuschränken, um ihn nach von der Obrigkeit gebilligten Grundsätzen zu einem nützlichen Glied der Gesellschaft zu machen. Es wird beklagt, dass den Schülern nichts als Höheres gelte als das hebräische Alphabet, dass ihnen aber die Schönheit der Klosteranlage entgehe, weil sie nicht darauf aufmerksam gemacht würden, oder dass ein deutscher Schulmeister lieber viele Esel in der Klasse hätte als ein Genie.

In Robert Walsers phantastisch überzeichnetem Roman *Jakob von Gunten* erhalten die Zöglinge des Instituts Benjamenta sowohl theoretischen als auch praktischen

Unterricht: Sie müssen zum einen ein Buch für Diener auswendig lernen, zum anderen sollen sie sich ganz konkret in Gehorsam üben. Als Jakob kurz nach seinem Eintritt seinen Unmut über diese Internatspädagogik äußern will, schickt ihn der Internatsleiter Herr Benjamenta fünfmal hintereinander aus seinem Büro, damit Jakob lernt, wie man höflich anklopft, sich unterwürfig verbeugt und laut und deutlich grüßt: „Guten Tag, Herr Vorsteher". Dann endlich darf er sein Anliegen vortragen, während der Internatsleiter Zeitung liest. Diese absurd anmutende Szene lässt sich als beißende Kritik am damaligen deutschen beziehungsweise schweizerischen Erziehungs- und Bildungssystem deuten.

Das Internat im Jugendbuch nach 1950 - Lernen und leben in der Gruppe

In den fünfziger Jahren des vergangenen Jahrhunderts wurden einige Jugendbuchreihen sehr populär, bei denen ein Internat Handlungsschauplatz ist. Dazu gehören die Serien *Hanni und Nanni, Dolly* (beide von Enid Blyton) und *Burg Schreckenstein* (von Oliver Hassencamp). Auch bei der seit den Achtzigern sehr populären Reihe *TKKG* (von Rolf Kalmuczak) sind zwei der vier Hauptfiguren Internatsschüler. Alle drei genannten Jugendbuchautoren waren selbst Internatsschüler, so besuchte Hassencamp Schloss Salem und Enid Blyton wurde zu *Hanni und Nanni* durch ein befreundetes Zwillingspaar aus ihrer Internatszeit inspiriert.

In diesen Jugendbuchreihen steht jeweils eine Clique von Freunden aus dem Internat im Zentrum, die gemeinsam Abenteuer zu bestehen haben. Für den Leser reizvoll ist unter anderem, dass die Internatsjugendlichen einerseits autonomer wirken als in Familien eingebundene Jugendliche, andererseits der Alltag im Internat wesentlich strukturierter zu sein scheint als in einer deutschen Durchschnittsfamilie. Da die Jugendclique das Lebenszentrum der Gruppenmitglieder ist, gewinnen Aspekte wie eine klare Rollenverteilung, Loyalität (nicht nur zu den Gruppenmitgliedern, sondern auch zu den Gruppenwerten) oder die Rivalität mit anderen Gruppen an Bedeutung, was teilweise auch in Stereotypisierungen, Intoleranz und Feindseligkeit gegenüber anderen Gruppen oder außenstehenden Personen übergeht. Wenn sich die Jungen von Burg Schreckenstein und die Mädchen von Schloss Rosenfels gegenseitig Streiche spielen, ist die Rivalität eher freundschaftlicher Natur und hat darüber hinaus den Charakter einer spielerischen Annäherung der Geschlechter. In anderen Situationen, insbesondere bei Blyton, führt die starke Bindung an die Jugendclique oder die Internatsgemeinschaft jedoch dazu, dass ein hoher Anpassungsdruck für Neuankömmlinge besteht und dass diese teilweise sogar massiv unter Druck gesetzt werden. Zu erinnern ist in diesem Zusammenhang auch an Robert Musils bereits erwähnten Roman *Die Verwirrungen des Zöglings Törless*, der die gruppendynamischen Mechanismen in einem Internat mit ihren Bündnissen und Rivalitäten auf hohem literarischen und psychologischen Niveau beschreibt. In Musils Roman foltern und quälen die Schüler Reiting, Beineberg und Törless den jüngeren Mitschüler Basini. Die Hauptfigur Törless nimmt eher die Rolle eines Mitläufers und Beobachters ein. Die Handlungen seiner beiden Mittäter widern ihn einerseits an, andererseits übt die Demütigung Basinis eine gewisse Faszination auf ihn aus.

Der Mythos Internat ist aktuell und wird bis in die Gegenwart in Romanen und Jugendbüchern fortgeschrieben. Dabei werden, mit unterschiedlichem Akzent, wesentliche Fragen von Erziehung und Bildung behandelt. Rückt die klassische angelsächsische Internatsliteratur die Beziehung zwischen den Schülern und ihren Erziehern in den Fokus, um insbesondere den Wert eines guten emotionalen Verhältnisses herauszustellen, zeigt der klassische deutschsprachige Internatsroman vor allem die negativen Folgen von zu starker Disziplinierung der Schüler in einem verregelten Alltag. Insbesondere die jüngere Literatur zeigt, dass Lernen immer in einem sozialen System stattfindet und dass das Zusammenleben von Gleichaltrigen auch eine große Herausforderung darstellt.

Die Bedeutung stabiler Strukturen, nachvollziehbarer Regeln, besonders aber von guten persönlichen Beziehungen sowie von gemeinsamen Werten und Zielen werden in diesen literarischen Werken eindringlich vor Augen gestellt.

Das Internat in der Realität.
Von der Antike bis zur Gegenwart

Die Institution Internat heute

Der Begriff „Internat“ wird heutzutage im Allgemeinen als Oberbegriff für Einrichtungen verwendet, in denen Schüler aller Schularten wohnen und betreut werden. Der deutlich ältere und etwa gleichbedeutende Begriff „Alumnat“ ist heute nicht mehr in Gebrauch, wenngleich Internatsschüler noch hin und wieder als Alumnen bezeichnet werden. Internate in Deutschland sind heutzutage meist einer Schule angegliedert. Früher wurden Internate häufig auch mit anderen Einrichtungen verbunden, etwa mit Fürstenhöfen, Klöstern oder Universitäten. Darüber hinaus gab und gibt es auch Internate, welche nicht direkt anderen Einrichtungen zugeordnet sind und bei denen die Internatsschüler beispielsweise externe Schulen besuchen.

Abzugrenzen ist der Begriff Internat auf der einen Seite zum Wohnheim (etwa Studentenwohnheim) und auf der anderen Seite zu Kinder- und Jugendheimen oder anderen Einrichtungen der öffentlichen Erziehungshilfe. Gegenüber dem reinen Wohnheim unterscheidet sich das Internat durch eine intensive pädagogische und schulische Betreuung der Bewohner.

Einrichtungen der öffentlichen Erziehungshilfe konzentrieren sich in erster Linie auf die Aufarbeitung von psychischen, physischen oder erzieherischen Defiziten bei Kindern und Jugendlichen. Bei Internaten liegt der Fokus dagegen stärker auf der schulischen und unter

Umständen auch sportlichen oder musischen Förderung. Internate betrachten sich weiterhin im Gegensatz zu Kinder- und Jugendheimen weniger als Elternersatz, sondern sie sehen ihre Rolle vielmehr in der Unterstützung der Eltern bei der Erziehung und Förderung ihrer Kinder.

Dabei sind die pädagogischen Ziele von Internaten unterschiedlich beziehungsweise vielfältig, und auch die Kinder und Jugendlichen, welche Internate besuchen, lassen sich kaum einheitlich beschreiben. Bei vielen Jugendlichen werden sicherlich ungelöste Probleme im familiären oder schulischen Bereich zum Anlass, ein Internat zu besuchen. Daneben gibt es aber auch wenig problembelastete Jugendliche aus intakten Familien, welche ein Internat besuchen, weil sie oder ihre Eltern überzeugt sind, dass sie von den dortigen Erfahrungen profitieren. Last but not least gibt es Jugendliche, die auf Internate gehen, weil sie dadurch die Möglichkeit einer speziellen Förderung erhalten, was bei dem Besuch einer Normalschule nicht oder nur in eingeschränktem Maß möglich wäre (etwa die Förderung einer spezifischen Hochbegabung oder eine Sprachförderung im Ausland). Diese Differenziertheit der Wünsche und Anforderungen an Internate auf der einen Seite, der pädagogischen Konzepte auf der anderen Seite ist Ergebnis einer langen historischen Entwicklung, die im Folgenden kursorisch vorgestellt werden soll.

Die historische Entwicklung der Erziehung in Internaten

Internatserziehung gibt es wahrscheinlich schon so lange, wie es planmäßige beziehungsweise „veranstaltete Erziehung“ gibt.[113] Sie ist also so alt wie die menschliche Kultur überhaupt. Wir haben Zeugnisse über Internate in Assyrien, Babylonien, Ägypten, Indien, Japan und im alten Persien, wo sich junge Männer um Lehrmeister scharten, um von diesen unterrichtet und erzogen zu werden. Im alten Griechenland gab es Tempelschulen; im Römischen Reich zum Beispiel Palastschulen am Hofe des Kaisers Augustus.[114] Schon hier zeichnete sich ab, dass die Internatserziehung in früheren Zeiten in erster Linie der Vorbereitung auf Dienste und Ämter in der Kirche und im Staat beziehungsweise am (königlichen) Hofe diente, was sich auch später noch weiter fortsetzte.

Aufgrund der geringen Verbreitung von Schulen sind Schul- und Internatserziehung in vielen Kulturen und über viele Jahrhunderte in weiten Teilen gleichzusetzen. Mitglieder der höheren Gesellschaft gaben ihre Kinder in die Obhut von Heimschulen, um sie dort erziehen und ausbilden beziehungsweise auf spätere Ämter vorbereiten zu lassen.

Auch während der ersten christlichen Jahrhunderte bis ins Mittelalter vollzogen sich Erziehung und Bildung fast ausschließlich in Internaten. Auch hier bestand das Hauptziel der Internatserziehung darin, die jungen Männer auf spätere Ämter vorzubereiten, nunmehr als Priester oder (Hof-)Beamte. Neben der Tatsache, dass aufgrund der geringen Zahl von Schuleinrichtungen die Schüler in vielen Fällen notwendigerweise entfernt vom Elternhaus in Schülerheimen unterrichtet werden mussten, wurde diese Herauslösung der „Zöglinge“ aus dem ursprünglichen Lebensumfeld auch grundsätzlich als erstrebenswert und erforderlich bewertet: Die Separation der Heranwachsenden aus ihrer bisherigen Umgebung und ihre Erziehung in der Abgeschlossenheit eines Internats sollte nicht zuletzt dazu dienen, ihnen eine intensive religiöse Erziehung zuteil werden zu lassen. In Kloster- oder Domschulen (Episkopal- oder Kathedralschulen) wurden Knaben auf priesterliche Aufgaben vorbereitet. Aus diesen *scholae interiores* (den „inneren Schulen“) entwickelten sich die sogenannten „äußeren Schulen“ (*scholae externae*), die der speziellen Ausbildung von Hofbeamten dienten.

Im Zuge der Reformation im 16. Jahrhundert wurde die klösterliche beziehungsweise klösterlich erscheinende Erziehung abgelehnt; damit ergab sich auch ein historischer Einschnitt in der Internatserziehung. Laut Gernot Gonschorek[115] kam es erst im Rahmen der Gegenreformation in katholischen Ländern und später auch auf protestantischem Gebiet nach und nach zu einem Wiederaufleben der Internatserziehung.

Die Jesuiten bemühten sich in katholischen Ländern um eine Fortsetzung der Tradition der Kloster- und Domschulen zur Ausbildung des Priester- und Ordensnachwuchses sowie des Nachwuchses für politische und wirtschaftliche Ämter. Laut Schröteler und Gonschorek begann zum damaligen Zeitpunkt „eine neue Epoche der Internatserziehung", da es nicht mehr nur darum ging, Heranwachsende während ihrer Studienzeit zu beköstigen und unterzubringen, sondern vielmehr wurde das Internat (auch: Alumnat, Konvikt) als eine „einheitlich und systematisch geleitete, den ganzen Menschen umfassende Erziehungsanstalt" verstanden.[116]

Die Erziehungspraxis in den Jesuitenkollegs orientierte sich an der damals vorherrschenden Auffassung, dass das Kind „eine Phase der Gebrechlichkeit durchlaufe", weshalb „dem Lehrer eine moralische Verantwortung in der Durchsetzung von Disziplin" zukomme, und zwar indem er eine möglichst permanente Beobachtung und Kontrolle über die Zöglinge in allen ihren Lebensbereichen ausübe. Einerseits diente diese Vorgehensweise dazu, den Erziehenden dazu zu befähigen, seine Schüler „zu kategorisieren und hierüber die erzieherischen Maßnahmen zu individualisieren". Es ging also schon zum damaligen Zeitpunkt in gewisser Weise um eine möglichst individuelle Erziehung. Andererseits schien die ständige Überwachung jedes einzelnen Schülers aus damaliger pädagogischer Auffassung heraus notwendig, „um einer Schülerschaft zu begegnen, die man in ‚Gefahr' wähnte". Die religiöse

Erziehung an den Jesuitenkollegs stellte neben die äußere Kontrolle zudem noch eine „innere Kontroll- und Regulierungsmöglichkeit ihrer Schüler".[117] Jesuitenkollegs verschlossen sich lange Zeit moderneren Entwicklungen und Gedankengut im Bereich von Wissenschaft und Technik sowie veränderten Bildungsbedürfnissen der Gesellschaft und hielten an ihrem Bildungsprogramm (vorwiegende Lerninhalte: Latein, Altgriechisch, Rhetorik, Grammatik) fest. Ab Mitte des 18. Jahrhunderts wurden sie zunehmend kritisiert; parallel dazu lösten sich Bildungseinrichtungen mehr und mehr aus der konfessionellen Bindung und wurden vermehrt zu einer staatlichen Angelegenheit.

Auch in protestantischen Ländern wurde die Internatserziehung auf Veranlassung von Landesfürsten allmählich wieder aufgenommen und es kam zur Einrichtung so genannter Fürsten- und Landesschulen, ebenfalls um junge Männer für höhere Ämter und Funktionen auszubilden. In so genannten „Ritterakademien" wurden Bildungsziele verfolgt, welche sich an der höfischen Gesellschaft orientierten und sich zum Beispiel auf Fremdsprachen, Reiten, Tanzen, Fechten und moderne Wissenschaften bezogen.

Insgesamt handelte es sich in der Regel um einen für die Eltern häufig kostenlosen, höheren Unterricht, der durch öffentliche oder private Stifter finanziert wurde. Arme Schüler konnten sich teilweise ihren Aufenthalt durch Arbeiten im Internat verdienen.

Im 18. Jahrhundert wurden Heimeinrichtungen gegründet, in denen Zöglinge (zumeist Waisen, Findelkinder) schon im Kindesalter manufakturelle Arbeiten zu leisten hatten; diese gerieten gegen Ende des 18. Jahrhunderts in die Kritik der Kinderausbeutung, woraufhin viele der Einrichtungen geschlossen wurden. Einige Jahrzehnte später wurde es jedoch aufgrund des Zustroms ländlicher Bevölkerung in die Städte notwendig, erneut Heime zu eröffnen. Von den Kirchen ging eine so genannte „Rettungshausbewegung“ aus, um die religiöse und moralische Erziehung von schlecht versorgten Kindern zu gewährleisten.[118]

Die Vorstellung von „hervorragender Internatspädagogik“ beziehungsweise „Internatssystematik“ orientierte sich auch in dieser Zeit durchgängig daran, dass eine „Abschottung“ der Heranwachsenden von ihrem (bisherigen) Umfeld für erforderlich gehalten wurde, um eine gezielte und ungestörte Entwicklung der Heranwachsenden in der speziell arrangierten Internatsgemeinschaft sicherzustellen, und zwar vor dem Hintergrund einer kritisch-negativen Sicht auf das So-Sein der Welt, der Zivilisation sowie der Natur des Menschen. Häufig wurde gefordert, die Jugendlichen außerhalb der Städte an abgeschirmten Orten aufwachsen zu lassen, um sie vor den Gefahren der als ungesund empfundenen Zivilisation zu schützen. Der Philosoph Johann Gottlieb Fichte machte in seinen *Reden an die deutsche Nation* (1807/08) hiervon sogar den „Bestand der Nation“ und die „Rettung der Menschheit“ abhängig. Mit der Forderung nach Abschottung und Schutz der Jugend ging in der Regel eine strenge Aufsicht und Kontrolle über die Zöglinge einher, oft auch die Forderung, ihren als „verdorben“ angesehenen Willen zu „brechen“.

Ende des 19. beziehungsweise Anfang des 20. Jahrhunderts entwickelten sich öffentliche Diskussionen über die Zukunft des höheren Schulwesens, in deren Folge eine Reihe von Schulreformen durchgeführt wurde. Ein Reformansatz mündete in der Gründung der sogenannten Landerziehungsheime (Erstgründung 1898). Ausgangspunkt war in Orientierung an den Ideen Rousseaus und Pestalozzis eine Auseinandersetzung mit der traditionellen „Lern-, Lehrer- und Wissensschule (‚Buchschule‘)“ und damit in Zusammenhang stehend eine veränderte Auffassung von Jugend, Erziehung und Unterricht.[119] Es wurden modernere Unterrichtsmethoden gefordert; die Prügelstrafe und „ungeeignete Oberlehrer, die keine ‚Liebe zur Jugend' zu verspüren schienen", wurden als „Anzeichen der ‚Versklavung' der Jugend" kritisiert. Es wurde die Forderung nach „Freiheit und Souveränität der Jugend" laut.[120] Die Landerziehungsheime setzten sich zum Ziel, ihre Schüler auf das Leben vorzubereiten, ihnen „Lebensfähigkeit" zu vermitteln. Dafür wurde der altsprachlich orientierte Unterricht der alten humanistischen Gymnasien sowie die allgemeine „einseitige kognitive Orientierung" für ungeeignet gehalten:[121] „Der Schüler wurde nicht mehr ausschließlich als Speicher von Wissen begriffen, der das Gehörte in verschiedenen Formen zu wiederholen hatte, sondern als aktives Element seiner Bildung und Erziehung."[122] Den Schwerpunkt setzten Landerziehungsheime jedoch in der außerschulischen Erziehung, „mit der sie über die ‚Gemeinschaft' sittliche ‚Bindungen' der Schüler als ‚Fundament' erzeugen wollten".[123] Die Kinder sollten nicht nur kognitiv lernen, sondern auch handwerklich und praktisch tätig werden sowie sich körperlich ertüchtigen. Es gab zudem „Schulverfassungen" sowie Schülerämter, durch die diese an der Verwaltung der Heime mit beteiligt wurden und ihre Interessen vertreten durften. Den Schülern wurden Freiräume für eine eigene Lebensgestaltung eingeräumt; Beaufsichtigung und Kontrolle wie in den Jesuitenkollegs fanden nicht statt. Hierarchische Unterschiede zwischen Erziehern und Zöglingen wurden relativiert, indem diese als „Kameraden" beziehungsweise „Familienmitglieder" bezeichnet wurden und ihnen grundsätzliches Vertrauen in ihre Selbstkontrolle ausgesprochen wurde.

Zugleich bewerteten auch die Gründer und Leitfiguren der Landerziehungsheimpädagogik (Hermann Lietz[124], Gustav Wyneken, Paul Geheeb, Kurt Hahn[125]) die Jahre des Heranwachsens als schwierige Phase, in der die Jugendlichen zu „Ausschweifungen" und „Entartungen" beziehungsweise zur „Verwahrlosung" neigten. Es zeigte sich aus dieser Perspektive heraus das Bestreben, die Heranwachsenden aus den „Gefahren“ des Großstadtlebens herauszunehmen, sie in ländlicher Umgebung unterzubringen und fernab von den Gefährdungen der modernen Zivilisation zu unterrichten: „Müßiggang“, „Unkeuschheit“, „Alkohol- und Tabakgenuss“ „sollten durch ‚Arbeit und strenge Körperübungen‘, durch ‚fesselnde Beschäftigung‘ und ‚Ideale‘ sowie durch ‚Enthaltsamkeit‘ und ‚Mäßigung‘ aufgehoben werden. Ziel war die ‚Festigung des Charakters‘“[126] sowie eine „Hinwendung zu Natur und Heimat“.[127]

Aus heutiger Sicht wird an der Landerziehungsheimbewegung kritisiert, dass sie zwar wichtige Reformen in der Pädagogik und der grundsätzlichen Wahrnehmung von Kindern und Jugendlichen anstieß, andererseits aber daran festhielten, Heranwachsende abzuschotten, um sie vor inneren wie äußeren Gefährdungen zu bewahren. Laut Kalthoff waren sie durch „eine Mischung von Modernität und Archaismus“ geprägt.[128] Auch eine gewisse „völkische beziehungsweise nationalistische Gesinnung“ war im Denken, in den Schriften sowie in der Aufnahmepolitik der Landerziehungsheime zu erkennen.[129] Schließlich sehen es heutige Autoren kritisch, dass die charismatischen Gründerpersönlichkeiten gleichsam wie Monarchen in ihren jeweiligen Einrichtungen wirkten und herrschten. Herbert Bauer spricht auch von der „suggestiven“ Wirkung von Lietz auf seine Mitarbeiter und Schüler.[130] Über Lietz heißt es zudem bei Badry: „Macht delegieren konnte er nicht. Abweichende Meinungen wurden als persönliche Angriffe interpretiert.“[131] Von den in den Landerziehungsheimen tätigen Erziehern wurde eine ähnliche Hingabe an ihre Tätigkeit und die damit verbundene Vision erwartet, wie die Gründerpersönlichkeiten sie selbst praktizierten. Lietz erwartete von dem berufenen, „geborenen Erzieher“ die völlige Aufgabe seines Privatlebens beziehungsweise „eine den Mönchsorden abgeschaute Bindung an vier Gelübde: das der Armut, der Keuschheit, des Gehorsams und der Tapferkeit".[132]

Während des Nationalsozialismus bediente sich der Staatsapparat der Internatserziehung zur Durchsetzung einer gleichgeschalteten, auf nationalsozialistisches Gedankengut gerichteten pädagogischen Einflussnahme, auch um Nachwuchs für Ämter und Dienste heranzubilden. Es wurden sogenannte „Nationalpolitische Erziehungsanstalten" (NPEA, volkstümlich Napola) und „Adolf-Hitler-Schulen" (AHS) gegründet.

Nach dem Ende des Zweiten Weltkrieges bemühten sich die Landerziehungsheime und konfessionellen Internate, an ihre Vorkriegstraditionen wieder anzuknüpfen. Die aufgrund der Erfahrungen während des Nationalsozialismus entwickelte allgemeine Skepsis gegenüber Formen der „Gemeinschaftserziehung" beziehungsweise der – vermeintlichen – „Elitebildung" ist jedoch bis heute erkennbar. Landerziehungsheimen wird heute oftmals vorgeworfen, sie betrieben eine „Fürsorge erster Klasse für die Kinder von Großbürgern".[133] Das ehemals von Kurt Hahn gegründete und von ihm langjährig geführte Landerziehungsheim Schloss Salem gilt bis heute als eines der bekanntesten deutschen Internate, auch und gerade wegen seines „elitären" Rufs.

Auch kirchliche Heim- und Internatseinrichtungen stehen heute wegen ihrer noch bis vor wenigen Jahrzehnten praktizierten Pädagogik vermehrt in der kritischen Diskussion, da ihnen insbesondere von dort Herangewachsenen und heute Erwachsenen eine unnachgiebige und emotional hartherzige Beziehungsgestaltung und entwürdigende Erziehungsmethoden nachgesagt werden.

Die Internatserziehung ist seitdem insbesondere in der Bundesrepublik auf dem Weg einer neuen Identitätsfindung. Hierzu gehört auch, ihren besonderen Auftrag und ihre besonderen Möglichkeiten im Rahmen der „Erziehung neben der Familie" neu zu verstehen und zu definieren.

Berühmte Internate

Der Mythos Internat lebt in den Mythen um reale Einrichtungen fort. Die Namen Eton College oder Schloss Salem beispielsweise haben einen besonderen Klang, der mit vagen Vorstellungen von Elite verknüpft ist, sicher aber auch mit dem Wissen um viele bedeutende Persönlichkeiten, die aus ihnen hervorgegangen sind. Dabei gibt es in der breiten Öffentlichkeit oft wenig Bewusstsein über die pädagogischen Konzepte, die in diesen Internaten verfolgt werden und die - sicherlich in vielen Fällen neben der sozialen Auslese der Internatsschüler - den Erfolg der Absolventen begründen. Einige der berühmtesten Internate der Welt sollen darum kurz in ihrer historischen und pädagogischen Bedeutung vorgestellt werden.

Eton College

Das in der Nähe des englischen Windsor gelegene Eton College wurde 1440 von Heinrich VI. ins Leben gerufen, um siebzig armen Kindern die Möglichkeit einer schulischen Ausbildung zu geben, und gilt heute als das berühmteste (Jungen-)Internat der Welt. Das Eton College hat eine lange Liste berühmter Persönlichkeiten hervorgebracht, darunter auch 19 britische Premierminister. Aus diesem Grund wird das Eton College manchmal scherzhaft als „das Kindermädchen der englischen Regierungschefs“ bezeichnet.

Charakteristisch für das Eton College sind seine altertümlichen Traditionen, wozu auch die schwarze Schuluniform gehört. Beim Lehrangebot hat sich mittlerweile ein radikaler Wandel vollzogen. Während früher schwerpunktmäßig Latein, Altgriechisch und Alte Geschichte unterrichtet wurden, gibt es dort heute beispielsweise etwa hundert Chinesischstudenten. Jeder Internatsjugendliche besitzt einen Laptop und in allen Klassenräumen und Schlafzimmern gibt es einen Internetanschluss.

Pillips Exeter Academy

Die achtzig Kilometer nördlich von Boston (USA) gelegene Phillips Exeter Academy wurde 1781 von dem Kaufmann Dr. John Phillips gegründet. In den Anfängen war das Internatsleben stark durch calvinistische Werte wie harte Arbeit und Pflicht gegenüber der Gemeinschaft geprägt, und auch heute noch bezieht der Institutsleiter jedes Jahr in seiner Eröffnungsrede Stellung zu dem Motto, das Phillips bei der Gründung verfasste: „Güte ohne Wissen ist schwach, Wissen ohne Güte ist gefährlich, nur beide vereint formen den edlen Charakter, welcher der Menschheit Nutzen bringt."

Ein Symbol für die Erziehungsphilosophie in Exeter ist der Harkness Table (nach dem Philanthropen Edward Harkness), ein großer ovaler Tisch in jedem Klassenraum wie im Speisesaal, an dem der Lehrer und möglichst nicht mehr als zwölf Schüler sitzen. Die Kursteilnehmer sollen durch dieses Arrangement ermutigt werden, in einem diskursiven Prozess Informationen und Ideen frei zu entwickeln und auszutauschen. Vorträge sind in Exeter selten, die Studenten lernen voneinander, geleitet durch die Fragen eines Dozenten. Anstatt vorgegebene Theorien und Prinzipien anwenden zu müssen, werden sie ermutigt, gemeinsam eigene Ideen zu einer Problemstellung zu entwickeln. Der Erfolg scheint der Harkness-Methode recht zu geben: Die Absolventen der Abschlussklassen 2005 bis 2007 schrieben sich zum Großteil bei Eliteuniversitäten (Dartmouth, Georgetown, Harvard, Penn, Princeton, Stanford, Tufts, Yale) ein.

Le Rosey

Das 1880 von Paul Emile Carnal im schweizerischen Rolle gegründete Privatinternat Le Rosey gilt als eine der exklusivsten Bildungsinstitutionen der Welt. Weil zahlreiche Mitglieder europäischer Königsfamilien das Internat besuchten, wird Le Rosey auch als „Schule der Könige" bezeichnet. Die Erziehungsphilosophie des Internats ist von der Idee getragen, den Schüler in allen seinen natürlichen Talenten durch akademische, sportliche und künstlerische Kurse zu fördern (anstelle einer in anderen Schulen üblichen Fokussierung auf Mathematik, Naturwissenschaft oder Sprachen).

Auf jeden Lehrer kommen hier fünf Schüler, in einer Klasse sind weniger als zehn Schüler. Um die internationale Atmosphäre der Einrichtung zu erhalten, gibt es die Vorschrift, dass nicht mehr als zehn Prozent der Schüler aus einem einzigen Land kommen dürfen. Unterrichtet wird in Englisch und Französisch.

Schloss Salem

Die am Bodensee gelegene Internatsschule Schloss Salem wurde 1920 von Prinz Max von Baden (dem letzten Reichskanzler des kaiserlichen Deutschland), dem Pädagogen Kurt Hahn und dem Regierungsrat Karl Reinhardt gegründet. Mit dem Auftrag einer Erziehung zur Verantwortung nach dem verlorenen Krieg gaben vor allem Reinhardt und Hahn der Schule eine reformpädagogische Prägung. So wurden etwa von Anfang an Jungen und Mädchen gemeinsam unterrichtet. Leitvorstellung der Salemer Pädagogik war und ist die erfahrungsgestützte Einheit von Erziehung und Unterricht, von gemeinsamem Leben im Internat und fächerübergreifendem Lernen. Umgesetzt wird dies unter anderem durch die Erlebnispädagogik, zahlreiche Arbeitsgemeinschaften oder die Salemer Dienste (beispielsweise Feuerwehrdienst oder Nachhilfestunden für Migrantenkinder).

Kurt Hahn meinte, dass Erziehung versagt habe, wenn nicht jeder Jugendliche seine persönliche Leidenschaft fände. Sein ganzheitliches Bildungskonzept formulierte Kurt Hahn in den „Sieben Salemer Gesetzen“:

1. „Gebt den Jugendlichen Gelegenheit, sich selbst zu entdecken.“
2. „Sorgt dafür, daß Jugendliche Erfolg und Niederlage erleben.“
3. „Schafft den Jugendlichen Gelegenheiten, sich über die gemeinsame Sache selbst zu vergessen.
4. „Schafft Zeiten des Schweigens – Schafft Raum für Sammlung.“
5. „Übt die Vorstellungskraft, die Fähigkeit vorauszuschauen und zu planen.“
6. „Nehmt Spiel und Sport ernst, aber laßt sie nicht beherrschend sein.“
7. „Befreit die Kinder der Reichen und Einflussreichen von dem lähmenden Bewußtsein ihrer Bevorzugung.“

In den siebziger und achtziger Jahren hatte Schloss Salem mit Disziplin- und Leistungsproblemen der vorwiegend aus begüterten Familien stammenden Schülerschaft zu kämpfen, das Internat geriet in den Ruf einer Verwahranstalt für wohlstandsverwahrloste Kinder.

Unter diesem Eindruck wandte sich der damalige Leiter Bernhard Bueb einer wesentlich autoritäreren und leistungsbezogeneren Pädagogik zu, welche er auch in dem vieldiskutierten und umstrittenen Buch *Lob der Disziplin* darlegte.[134] Die aktuelle Internatsleiterin Eva Marie Haberfellner setzt jedoch wieder mehr auf „Belohnen statt Bestrafen“ und hält fest verankerte demokratische Strukturen für unabdingbar, auch für die Vertrauensbildung zwischen Erziehern und Jugendlichen.

Summerhill

Summerhill ist ein privates Internat in Leister in England, welches von Alexander Sutherland Neill 1921 in der Zeit der Reformpädagogik gegründet wurde.

Im Gegensatz zu traditionellen Schulen steht in Summerhill die Freiheit der Schüler im Vordergrund. Die Teilnahme am Unterricht ist völlig freiwillig. Neill ging davon aus, dass Kinder von sich aus lernen wollen. Da nur interessierte Kinder am Unterricht teilnehmen, sei dieser effektiver (selbstregulatives Lernen). Die Erfahrung hat gezeigt, dass die Kinder zu Beginn oft ihre Freiheit, nicht zum Unterricht gehen zu müssen, nutzen, in der Regel aber zumindest nach einigen Monaten regelmäßig die Klassen besuchen. Trotz der umfangreichen Freiheiten für die Schüler ist Summerhill keine Schule ohne Regeln. Die schulischen Regeln werden demokratisch von der Vollversammlung der Schule beschlossen, und in dieser Versammlung sind die Kinder klar in der Mehrheit (ausgenommen sind allerdings Regeln, die aufgrund gesetzlicher Vorschriften erlassen werden müssen, wie etwa zum Klettern auf dem Dach).

Neills maßgebliches Ziel war es, Kindern zu ermöglichen, ihr eigenes Leben zu leben, und nicht ein Leben nach der Vorstellung ihrer Eltern.

Hogwarts

Die Hogwarts-Schule für Hexerei und Zauberei liegt etwa eine Zugstunde von London entfernt irgendwo in Schottland und wurde vor ungefähr tausend Jahren von den beiden Hexen Rowena Ravenclaw und Helga Hufflepuff sowie den beiden Zauberern Godric Gryffindor und Salazar Slytherin gegründet. Das Hogwarts-Internat gilt als eine der bedeutendsten Zauberschulen auf der ganzen Welt. In Hogwarts werden junge Hexen und Zauberer in den Disziplinen Astronomie, Pflege magischer Geschöpfe, Zauberkunst, Verteidigung gegen die dunklen Künste, Wahrsagen, Kräuterkunde, Zaubertränke und Verwandlung ausgebildet. Nach fünf Schuljahren können die Internatsschüler den „Zaubergrad" erlangen, nach sieben Jahren steht dann die Abschlussprüfung zum „Unheimlich tollen Zauberer" (UTZ) an. Das Internatsmotto lautet „Draco dormiens nunquam titillandus" („Kitzle nie einen schlafenden Drachen").

Da es in Hogwarts noch keinen Zauber gibt, der Wissen mühelos in die Gehirne von Jugendlichen transportiert, müssen die Schüler des Internats wie anderswo auch den Unterricht besuchen, Bücher lesen und Tests absolvieren. Dabei ist der traditionelle Frontalunterricht die dominierende Lernform. Aber auch modernere pädagogische Ideen haben sich in Hogwarts etabliert: So bekommen die Schüler Gelegenheit, selbständig in kleinen Teams Projekte durchzuführen, oder sie können ihre Lehrer bewerten und Vorschläge zur Verbesserung des Unterrichts machen.

Progressive Pädagogik in der Praxis: Das Internat Schloss Rohlstorf

Ein Schloss zum Lebenlernen

Ein warmer Sommerabend, der Wardersee liegt spiegelglatt, kaum ein Lüftchen regt sich. Aus der Ferne klingt das raue Schreien der Wildgänse durch die Luft. Das große Backsteinhaus steht wie eine Festung in der spröden Landschaft, auf die sich nun der Abend legt, ein schlossartiger Bau mit eindrucksvoller Barockfassade. Einige Fenster sind geöffnet, ein schwacher Lichtschein fällt über den Kiesweg zum Eingang. Fröhliche Kinderstimmen dringen in den lauen Abend und eine Gitarre intoniert „Über den Wolken muss die Freiheit wohl grenzenlos sein" von Reinhard Mey. Der Chor der Kinderstimmen singt lautstark mit.

Wenn ich heute gefragt werde, warum ich damals das Wagnis eingegangen bin, ein Internat zu gründen, fällt mir immer dieser Augenblick ein, der mein Herz berührt hat. Während der Sommerferien war für vier Wochen der Lernwissenschaftler Professor Karl.-J. Kluge mit seinem Universitären Sommerprogramm Skylight als Gast in Rohlstorf. In Arbeitskreisen zur Begabungsförderung wurden Kurse und Workshops angeboten für hochbegabte und hochmotivierte Kinder, denen kognitiv wie emotional bereichernde Lernangebote unterbreitet wurden.

Als Schirmherrin und Gastgeberin für die Teilnehmer des Summercamps hatte ich die Gelegenheit, an unterschiedlichen Veranstaltungen teilzunehmen und so einen detaillierten Einblick in die Kölner Kompetenzpädagogik zu gewinnen. Dadurch entstand bei mir die Überzeugung, dass es möglich sein muss, mit einer Pädagogik von Wertschätzung, Akzeptanz und „Herzenswärme“ auch in „normal“ begabten Kindern die Freude am Lernen zu wecken.

Bei meinen eigenen Kindern und vielen Kindern aus meinem Bekanntenkreis hatte ich erlebt, mit welcher Begeisterung und Neugier sie sich auf die Schule freuten und wie schon nach den ersten Grundschuljahren die Freude in Unzufriedenheit mit der Schulsituation und Frust über den tatsächlichen oder vermeintlichen Zwang in der Schule umschlug. Ich habe mir schon damals immer die Frage gestellt, wie ich es in meiner eigenen Arbeit als Lehrerin am Gymnasium schaffen kann, dass Kindern die Neugier und die Freude am Lernen erhalten bleibt.

Als sich dann für mich die Gelegenheit ergab, das Internat Seehorst aus einer Insolvenzmasse zu übernehmen, habe ich nicht gezögert und mit einem neuen gemeinnützigen Trägerverein, dem Verein zur Förderung Pädagogischer Initiativen, das Internat Schloss Rohlstorf gegründet.

Zur Verwirklichung meiner Vision konnte ich zahlreiche engagierte Mitarbeiter und Förderer gewinnen. Professor Kluge, der Leiter der Skylight-Summercamps und renommierte Berater von Wirtschaftsunternehmen und Bildungsinstitutionen, war von dem Vorhaben begeistert und erklärte sich gerne bereit, als wissenschaftlicher Beistand für das Internat zu fungieren. Die pädagogische Leitung übernahm Michael Roelofs, welcher zuvor 15 Jahre lang als Sozialpädagoge in der praktischen Jugendarbeit tätig gewesen war.

Die Reaktionen von Seiten der Öffentlichkeit und Presse waren damals sehr positiv und machten mir Mut die schwierige Anfangsphase zu überstehen. Einige Auszüge aus einem Artikel des Hamburger Abendblatts aus dem Jahr 2004 verdeutlichen die damalige Aufbruchstimmung:[135]

Hamburgerin rettet Internat Rohlstorf.
Ihre Vision: eine moderne Pädagogik für Geist und Seele

(...) Seit Beginn dieses Jahres steht Annette von Rantzau (...) als Internatsleiterin in der Verantwortung. Mit großem Engagement rettete die Hamburgerin das seit 44 Jahren bestehende insolvente Internat, in dem die Schüler wohnen, schlafen, Hausarbeiten erledigen und ihre Freizeit verbringen. Jetzt will die ehemalige Gymnasiallehrerin gemeinsam mit dem pädagogischen Leiter Michael Roelofs hier neue Impulse setzen, eine moderne Pädagogik verwirklichen.

„Unsere Schüler sollen ganzheitlich lernen, Geist, Seele und Körper sollen sich harmonisch entwickeln können", sagt Annette von Rantzau, die das Internat ehrenamtlich leitet. Die idyllische Lage im Landschaftsschutzgebiet mit Blick auf den See trägt sicherlich dazu bei, dass sich die 45 Schüler im Alter von acht bis 20 Jahren hier wohl fühlen. „Wir achten darauf, eine angenehme, entspannte und fröhliche Atmosphäre zu schaffen, einander mit Respekt und Aufmerksamkeit zu begegnen und jeden so zu akzeptieren, wie er ist", betont die Mutter von vier Söhnen.

Die Schüler des Internats kommen aus ganz Deutschland und aus allen sozialen Schichten. Sie bleiben zwei bis drei Jahre. „Auch Jugendämter vertrauen uns Kinder an", sagt Annette von Rantzau. So lernen die Schüler, dass Menschen unterschiedliche Kompetenzen haben und dass sie voneinander lernen können – egal, in welche Familie sie hineingeboren wurden. „Dieses soziale Miteinander ist mir sehr wichtig", unterstreicht die Hausherrin: „Wir verstehen uns als Lebensgemeinschaft auf Zeit."

Die Anregungen für das „pädagogische Labor" stammen von Prof. Karl Kluge, der an der Uni Köln lehrt und forscht, und seinen Mitstreitern. Ziel ist, dass jeder Mensch zu seinem eigenen „Lernunternehmer" wird. Deshalb sollen die Lehrer sich darauf konzentrieren, den Lernwillen ihrer Schüler zu fördern, ihnen Instrumente zum Selberlernen in die Hand zu geben und sie ermutigen, sich selber Ziele zu setzen. „Sie sind Lernbegleiter. Die Schüler müssen selber Erkenntnisse gewinnen, man kann sie ihnen nicht vermitteln", sagt Kluge. „Um diese ganzheitliche Pädagogik zu praktizieren, brauchen wir Menschen, die motiviert sind." Man könne niemanden zum Lernen zwingen. (...)

„Unsere Pädagogik basiert darauf, dass jeder freiwillig ins Internat kommt", betont der pädagogische Leiter Michael Roelofs und fügt hinzu: „In jedem Aufnahmegespräch setzt sich der neue Schüler eigene Ziele und stimmt zu, dass wir ihm beim Erreichen dieser Ziele helfen." Wohl einer der wichtigsten Gründe dafür, dass hier aus Hauptschülern manchmal Abiturienten werden.

Anhand der Lebensgeschichten einzelner Jugendlicher, die sie mir in Gesprächen und Interviews anvertrauten, mit der Dokumentation exemplarischer „Rohlstorfzeugnisse", in denen die verantwortlichen Betreuer den Jugendlichen ein Feedback gaben, und mit einer allgemeinen Darstellung unserer Pädagogik soll im Folgenden ein Bild davon vermittelt werden, wie das Internat Schloss Rohlstorf Kinder und Jugendliche darin unterstützt, einen Weg in ihr eigenes Leben zu finden. Besonders wichtig war es mir, immer wieder auch die Jugendlichen selbst zu Wort kommen zu lassen.

In dem teilweise sehr persönlichen Klang dieser Darstellung drückt sich vermutlich auch meine eigene sehr intensive Beziehung zu diesem Internat aus.

Individuelle Förderung für jeden einzelnen Jugendlichen

Vollversammlung im Spiegelsaal

Der 15-jährige Oliver steht auf der Bühne des Spiegelsaals und strahlt über beide Ohren. Er wurde soeben für das erfolgreiche Bestehen der Prüfungen für den Angelschein und ersten Segelschein belobigt und die Schüler und Mitarbeiter des Internats haben dies mit donnerndem Applaus gewürdigt.

„Es ist immer ein großes Fest. Es ist schon schön, alle Schüler zusammen zu sehen; es ist auch etwas Besonderes. Wenn es um Belobigungen und Auszeichnungen geht, das ist immer ein kleines Highlight“, beschreibt die Mitschülerin Sabine die Atmosphäre der Vollversammlungen im Spiegelsaal des Internats Schloss Rohlstorf. „So eine Belohnung hat schon was für sich, dann weiß man, wenn man so weitermacht, bekommt man noch eine, das ist schon ein Anreiz, diese Sache so weiterzumachen.“

Oliver bedarf für seine Leidenschaft, das Angeln, das er mit großer Ausdauer betreibt und worin er mittlerweile ein richtiger Experte ist, aber kaum noch der Aufmunterung von außen. Eher muss man ihn davon losreißen.

Doch seine Hingabe zu diesem Hobby macht Oliver keineswegs zum Eigenbrödler. Im Gegenteil scheint Oliver aus seinem Hobby zusätzliche Energie zu schöpfen, die er auf andere Bereiche zu übertragen weiß. In der Schule arbeitet er mit viel mehr Konzentration und Ehrgeiz auf den Schulabschluss hin als früher. Als Schülervertreter im Schülerparlament und als Klassensprecher zeigt der hilfsbereite und beliebte Jugendliche soziales Engagement. In seiner Freizeit wird Oliver offensichtlich magisch vom Wasser angezogen: Neben dem Angeln ist er ein begeisterter Segler und Taucher.

Oliver - die Erweckung von Lernbegeisterung bei einem ehemaligen Analphabeten

Eine solch positive Entwicklung des Teenagers hätte bei seinem Internatseintritt mit neuneinhalb Jahren kaum ein Außenstehender für möglich gehalten. Der an Absencen-Epilepsie leidende Oliver legte damals in der dritten Grundschulklasse starke Konzentrationsschwierigkeiten sowie eine an Analphabetismus grenzende Lese- und Rechtschreibschwäche an den Tag, so dass eine Umschulung in eine Förderschule für Lernbehinderte unumgänglich schien. Zudem zeigte sich Oliver durch die Trennungssituation der Eltern emotional überfordert.

Durch die gezielte Einzelförderung im Internat, verbunden mit der regelmäßigen Nutzung von Angeboten des Kreises Segeberg für Legastheniker sowie mit der tatkräftigen Unterstützung beider Elternteile konnte Oliver erfolgreich an seinen Defiziten arbeiten, so dass er eine grundlegende Lesefähigkeit erwarb, die einzelnen Klassenstufen ohne Wiederholungen meisterte und nun einen Hauptschulabschluss anstrebt. Die vom Internat angebotenen klaren Strukturen kamen ihm dabei sehr zugute. In seinem Selbstvertrauen und seiner Lernlust gestärkt wurde Oliver, weil er in Rohlstorf nicht als „Problemjugendlicher" behandelt wurde, sondern im Sinne des Rohlstorfer Mottos „Stärken stärken, Schwächen schwächen" vielfältig Gelegenheit fand, seine Begabungen für Sport und Technik oder seine erzählerische Phantasie zu entfalten.

Olivers Selbstvertrauen ist mittlerweile so stark gewachsen, dass er sich zutraut, irgendwann einmal die Elektro- und Maschinenbaufirma seines Vaters zu übernehmen: „Mein größter Traum war immer noch, den Reparaturservice meines Vaters zu übernehmen. Traum ist Traum und ich werde ihn nicht aufgeben. Im Moment ist mein größtes Ziel ein guter Hauptschulabschluss. Das nächste Ziel und der nächste Schritt wäre eine höhere Schule, zum Beispiel Realschulabschluss. Das ist auch wichtig, damit ich den Job überhaupt ausüben kann."

Sabine - von der „hochnäsigen Prinzessin" zum hilfsbereiten Vorbild

Auch Sabine empfindet den strikten Tagesablauf und die klaren Regeln des Internats als große Hilfe, um gute Leistungen in der Schule zu erreichen. Den „kleinen Zwang" nimmt sie dafür gerne in Kauf. Von ihrem Äußeren wirkt die 21-jährige Sabine bereits wie eine selbstbewusste junge Frau, die genau weiß, was sie will. Als sie noch bei den Eltern und Geschwistern in einer wohlhabenden Villengegend in Köln wohnte, hatte sie jedoch enorme Schwierigkeiten, diszipliniert an ihren persönlichen Zielen zu arbeiten. Während ihre Geschwister durch gute Schulnoten glänzten, erregte Sabine eher durch astronomische Handyrechnungen Aufmerksamkeit.

Mit ihrer unbekümmerten Verschwendungssucht und einer überhöhten Anspruchshaltung („Ich soll Küchendienst machen? Wofür zahlen denn meine Eltern dem Internat Geld?") eckte Sabine in ihrer Anfangszeit in Rohlstorf regelmäßig an. Jetzt ist sie nicht nur eine gute Schülerin, sondern auch ein Vorbild und eine Anlaufstelle für die Jüngeren.

Sabine selbst ist der Meinung, dass ihre soziale Entwicklung im Internat noch wichtiger für sie war als ihre

Verbesserung in den schulischen Leistungen: „Gerade wenn man längere Zeit hier ist als nur ein Jahr, hat man sich wahnsinnig stark entwickelt, vor allem was die Beziehungen zu anderen Menschen betrifft." Sie betont zwar, dass sie auch früher nicht auf Leute, die aus weniger privilegierten Verhältnissen stammen, herabgeschaut habe, aber die direkte Konfrontation mit Menschen unterschiedlicher Herkunft habe ihr Bewusstsein enorm erweitert und ihr dabei geholfen, sich besser in all diese unterschiedlichen Personen einzufühlen. Erfreulich habe sich auch die Beziehung zu den Eltern entwickelt, die vorher viel konfliktbeladener gewesen sei. Sabines beste Freunde im Internat stammen übrigens nicht aus wohlhabenden Familien, sondern sind sogenannte „Jugendamtskinder".

Anjuna - eine Orientierungslose findet auf den „richtigen Weg" zurück

Ein solches Jugendamtskind ist die 16-jährige Anjuna. Wie Oliver ist sie auf der Vollversammlung belobigt worden und hat dabei einen Internats-Pullover geschenkt bekommen. „Damit hab ich gar nicht gerechnet", strahlt sie in dem neuen Outfit. Anjuna hatte einen Internatsaufenthalt zunächst als Notlösung angesehen, da sie zu Hause große Probleme vor allem in der Beziehung zu ihrer Mutter hatte und es ihr trotz guten geistigen und sozialen Fähigkeiten schwer fiel, die Anforderungen in der Schule zu bewältigen.

Ihre Entscheidung hat sie nie bereut: „Mein Leben hat sich sehr verändert, seitdem ich hier bin. Ich bin sozusagen auf den richtigen Weg gekommen. Ich glaube, ich hatte schon angefangen, den falschen Weg zu wählen. Mir ist aufgefallen, bevor ich im Internat war, hat mich nichts wirklich interessiert. Ich war immer nur mit meinen Freunden bis in die Nacht unterwegs."

Anjuna findet es gut, dass die Erzieher im Internat kontinuierlich aufpassen, dass man keine „Dummheiten“ macht. Aber sie fügt hinzu: Man sollte Jugendlichen auch in einem gewissen Maß Gelegenheit geben, Fehler zu machen, denn aus den eigenen Fehlern würde man immer noch am besten lernen.

Ebenso wie Sabine bestätigt auch Anjuna, dass der Aufenthalt im Internat eine hervorragende Möglichkeit zum sozialen Lernen ist: „Also mir fällt der Umgang mit anderen schon leichter. Ich hatte nie wirklich Probleme mit anderen Menschen, aber es ist hier einfach leichter, weil hier fast alle verschiedenen Persönlichkeiten zusammentreffen. Man lernt hier wirklich, mit vielen Menschen auszukommen. Ich habe viele Vorteile hier. Natürlich treffe ich auch auf Menschen, die mir nicht so liegen, aber das belastet mich nicht. Ich sehe das wirklich mehr als einen Lernprozess. Man kann sich ja nicht immer aussuchen, mit welchen Leuten man zum Beispiel zusammen arbeitet. Man muss lernen, mit jedem Menschen umgehen zu können, auch wenn es manchmal nicht so einfach ist.“

Christian - die Umwandlung destruktiver Energien in gemeinschaftsdienliche Kreativität

„Anjuna, hast du diesmal auch einen Internatspullover für ‚herausragende Taten‘ bekommen? Warum habe ich eigentlich noch keinen? Langsam wird es wirklich Zeit! Das nächste Mal will ich auch einen Internatspulli bekommen. Ich werde euch dann auch eine erstklassige Dankesrede halten“, ruft Christian Anjuna mit einem herausforderndem Lächeln zu. „Sehr geehrte Damen und Herren im Saale und zu Hause an den Geräten, liebe Schlossbewohner und alle die, die es noch werden wollen ...“, setzt er mit großer Geste an. „Ja das glauben wir dir gern, Christian. Große Reden zu halten ist ja deine besondere Stärke", unterbricht ihn Anjuna spöttisch. Der 18-jährige Christian gilt speziell gegenüber den Jüngeren im Internat als meinungsmachend und wortführend, wobei er seine „demagogischen Fähigkeiten" hin und wieder auch dazu nutzt, seine ganz persönlichen Interessen durchzusetzen. Aber auch bei Problemen innerhalb seiner Gruppe wirkt er häufig positiv auf andere ein und überzeugt die Gruppenmitglieder mit Argumenten. Christian hat einen ausgeprägten Gerechtigkeitssinn und steht für seine Meinung auch gegenüber älteren Schülern sowie Betreuern ein. Um seine rednerischen Fähigkeiten in Schuss zu halten, nimmt Christian regelmäßig an einer Rollenspiel-AG des Internats teil, weiterhin ist er ein sehr aktives Mitglied im Rohlstorfer Schülerparlament.

Beim Eintritt ins Internat wirkte Christian noch nicht so lässig und selbstbewusst wie an diesem Abend im Spiegelsaal. Damals versuchte der Sohn einer Zahnärztin sein geringes Selbstwertgefühl mit dem Tragen von Markenkleidung und einem teilweise arroganten Verhalten zu kompensieren: „Früher war ich schüchtern, heute habe ich mit fremden Menschen kein Problem und mit meiner Mutter und dem Stiefvater klappt es auch besser. Schon dadurch, dass man hier nonstop, also sieben Tage die Woche mit seinen Mitbewohnern und Freunden zusammen ist, lernt man, mit anderen Menschen umzugehen. Es gibt immer wieder Konflikte und man streitet sich um ganz einfache Sachen. Ich habe gelernt, nicht auf alles einzugehen und nicht auf alles zu hören und zu sagen ‚du hast recht und ich habe meine Ruhe'. Allerdings habe ich auch gelernt, mich bei Sachen, die ich als ungerecht empfinde, einzusetzen. In gewisser Weise wird man hier im Internat auch abgehärtet. Es gibt hier immer mal wieder Schüler, die einem aus verschiedenen Gründen Beleidigungen an den Kopf werfen oder böse Sachen sagen. Irgendwann lernt man wegzuhören und es nicht mehr an sich ranzulassen. Ich bin nicht nur selbstsicherer sondern auch schlagfertiger geworden. Ich kann heute auch kontern, ohne auf die Stufe meines Gegners zu steigen."

Erstkontakt, Aufnahmeprozedur und Eintritt ins Internat

Bei Privatschülern wie Oliver oder Sabine kommt der Erstkontakt zum Internat meist über Internatsberatungen, die Internetseite des Internats, Zeitungsanzeigen oder über persönliche Empfehlungen zustande. Bei Jugendamtskindern wie Anjuna oder Christian senden Jugendämter aus ganz Deutschland dem Internat Analyseprofile von Jugendlichen zu, die für eine Förderung im Internat in Frage kommen. Bevor ein Jugendlicher ins Internat Schloss Rohlstorf einzieht, muss er zunächst einmal eine Aufnahmeprozedur durchlaufen, bei der festgestellt wird, inwiefern das Angebot des Internats und die Bedürfnisse des jeweiligen Jugendlichen zusammenpassen.

Die Aufnahmeprozedur ist für Privatschüler und „Jugendamtskinder" ähnlich. Zunächst werden der Jugendliche und seine Eltern sowie gegebenenfalls der zuständige Jugendamtsvertreter zu einem Erstgespräch eingeladen. Darin werden Informationen über das psychische und physische Befinden des Jugendlichen eingeholt, es wird eine Exploration der familiären und schulischen Situation des Jugendlichen vorgenommen und es werden die Erwartungen, Vorstellungen und Wünsche des Jugendlichen sowie der Eltern erfragt, um auf dieser Grundlage das individuelle Vorgehen besser planen zu können. Unter Umständen wird im Erstgespräch auch schon gemeinsam über anzustrebende Ziele und die mögliche Ausgestaltung der individuellen Förderung gesprochen. Wichtig ist, dass den Eltern nach diesem Gespräch bewusst ist, dass es nicht die Sorgeberechtigten sind, die für ihr Kind mit der Unterbringung eine Entscheidung treffen können, sondern dass der Jugendliche sich selbst zu dieser Entscheidung positiv bekennen muss.

Als nächster Schritt wird eine dreitägige Hospitation vereinbart, während derer der Jugendliche in den alltäglichen Tagesablauf völlig integriert ist. Das gilt für die schulische Hospitation gleichermaßen wie für die sozialen Verpflichtungen und das Freizeitangebot. Diese Phase ist für den Jugendlichen genauso wichtig wie für die Internatsgemeinschaft. In einem sich anschließenden Reflexionsgespräch kann nunmehr herausgearbeitet werden, inwieweit das Kind sich das Leben im Internat tatsächlich vorstellen kann und es als Chance für seine persönliche Entwicklung sieht, oder ob der Internatsrahmen vielleicht doch nicht der richtige ist. Dies gilt im Umkehrschluss dann natürlich auch für die Internatsgemeinschaft, die gleichermaßen feststellen kann, dass ein Kind überhaupt nicht in die Gemeinschaft passt. Wenn wir beispielsweise feststellen, dass ein Jugendlicher regelmäßig Drogen nimmt oder seine psychische Verfassung einen Aufenthalt in der Kinder- und Jugendpsychiatrie erfordert, beraten wir die Eltern dahingehend, welche Einrichtung für ihr Kind geeignet ist. Dieser Fall kommt jedoch recht selten vor, so dass meistens, nach einem weiteren Gespräch mit der Internatsleitung, die Eltern im Anschluss an die Hospitation an das Jugendamt beziehungsweise direkt an das Internat herantreten und sagen: „Ja, wir können uns vorstellen, dass unser Kind nach Rohlstorf kommt."

In einer anschließenden Erziehungskonferenz werden die Ziele besprochen, die mit der Maßnahme erreicht werden sollen. Es werden langfristige, mittelfristige und kurzfristige Ziele in verschiedenen Bereichen festgelegt, etwa in Bezug auf angemessenes soziales Verhalten, auf die Verarbeitung traumatischer Erlebnisse, auf die Arbeitshaltung im schulischen Bereich oder auf das Erreichen eines adäquaten Schulabschlusses. Daraufhin wird der Aufnahmetermin festgelegt und ein neuer Jugendlicher kann in Rohlstorf anreisen.

Anjuna kann sich noch sehr gut an ihr Erstgespräch und die Hospitation erinnern: „Herr Roelofs war mir sofort sympathisch. Am Anfang wollte ich nicht wirklich auf ein Internat gehen, aber nach dem Aufnahmegespräch war ich selber froh über die Möglichkeit. Es war nicht nur der Grund, dass ich nicht zu Hause sein wollte, sondern dass es mir wirklich gefällt, im Internat leben zu dürfen. Nach der Hospitation kam mir alles sehr sympathisch und schön vor."

Christian war vor dem Erstgespräch sehr aufgeregt. Er hatte das Gefühl, dass das Internat eine große und möglicherweise auch die letzte Chance für ihn sei:

Zunächst einmal habe ich mir gewünscht, dass ich endlich wieder einen normalen Alltag habe. Solange ich bei meinem Vater gelebt habe, hatte ich einen sehr unregelmäßigen Tagesablauf und ich musste sehr oft umziehen. Ich hoffte daher, dass ich wieder etwas mehr Konstanz in mein Leben bekomme und dass ich hier Freunde finde. Ich war zusammen mit meiner Mutter hier zum Erstgespräch und ich fand das Internat schön. Meine Mutter hat sich dann bemüht, das möglich zu machen. Das erste Gespräch haben wir mit Ihnen (Anm.: Frau von Rantzau) und Herrn Roelofs geführt, anschließend hat Herr Hoier meine Mutter und mich durchs Haus geführt. Wir haben uns dann auch die Zimmer angesehen und ganz besonders meinen jetzigen Flur habe ich mir genauer angeguckt. Es war klar, wenn ich auf dieses Internat komme, dann auf diesen Flur. Es waren auch einige Schüler im Haus. Wenn ich nun zurückblicke, hat sich fast alles, was ich mir vorgestellt habe, bewahrheitet. Ich habe hier Freunde gefunden und ich habe auch wieder eine Konstante in meinem Leben. Es ist immer etwas, was gleich bleibend ist.

Diagnose und Zielvereinbarungen

Mit der Aufnahme ins Internat erfolgt die weitere Diagnose des Jugendlichen. Damit nicht alle Einzelheiten der jeweiligen Biografie in weiteren Gesprächen erarbeitet werden müssen, erhalten die Sorgeberechtigten einen Bogen zugeschickt, der wesentliche Daten (familiäre Situation, schulischer Werdegang, eventuelle Persönlichkeitsprobleme, Krankheiten, Behinderungen, Verhaltensauffälligkeiten, evtl. medizinische Interventionen und anderes mehr) abfragt, insbesondere aber nochmals die Entwicklung entstandener Probleme chronologisch aufzeigen soll. Da die Kinder und Jugendlichen während der ersten Zeit der Internatsunterbringung überwiegend ein angepasstes Verhalten zeigen, sind diese Daten aus dem Fragebogen hilfreich in Bezug auf akute Interventionen und dienen als Grundlage für die weitere differenzierte Diagnostik.

Nach drei Monaten hat ein Kind sich in der Regel im Internat eingelebt und zeigt sich mit seiner bis dahin entwickelten Gesamtpersönlichkeit. In einem weiteren Gespräch mit den Sorgeberechtigten kann nunmehr eine konkrete Einschätzung über die Gesamtpersönlichkeitsentwicklung aus Internatssicht erfolgen. Aus solchen Gesprächen ergibt sich mitunter, dass dann Ziele zu modifizieren sind (beispielsweise wenn sich herausstellt, dass die gewünschte Schulform doch eine Überforderung darstellt).

Ein weiterer wesentlicher Schritt besteht nunmehr in der Konkretisierung der Ziele aus Sicht des Schülers in Form einer *Zielvereinbarung* als Grundlage für zukünftiges gemeinsames Lernen in der Internatsgemeinschaft. Diese Zielvereinbarung ist deshalb wichtig, weil sie den Jugendlichen ernst nimmt und verantwortlich in den Bildungsprozess mit einbezieht. Von zentraler Bedeutung für die Rohlstorfer Pädagogik ist auch, dass nicht im Sinne einer „Repariermentalität“ der Fokus einseitig auf die Defizite des Jugendlichen gelegt wird, sondern dass vom ersten Tag an seine positiven Potenziale, Begabungen und Interessen berücksichtigt und gefördert werden.

Im Folgenden sind Erstdiagnose und Zielvereinbarungen beispielhaft für Oliver und Christian dargestellt (in verkürzter Form):

Oliver

Beim Eintritt ins Internat 9,4 Jahre alt:

Anamnese:

Brillenträger, Absencen-Epilepsie (Therapie mit dem Medikament Orfiril), Konzentrationsschwäche (Therapieversuch mit Ritalin erfolglos), Lese- und Rechtschreibschwäche (das Lesevermögen grenzt an Analphabetismus), Aggressionspotenzial

Emotionale Überforderung mit der Trennungssituation der Eltern

Oliver ist in die dritte Klasse der Grundschule versetzt, obwohl er kaum lesen kann.

Persönlichkeitseindrücke, Interessen und Potenziale:

Oliver hat viel Phantasie und erzählt gerne, er interessiert sich fürs Angeln und Segeln sowie für technische Inhalte.

System Familie:

Die Mutter hat das alleinige Sorgerecht. Die Eltern sind nie verheiratet gewesen, leben getrennt. Oliver war zum Zeitpunkt der Trennung drei Jahre alt. Der Vater ist selbständiger Unternehmer, die Mutter ist Angestellte und lebt inzwischen wieder mit einem Mann zusammen. Oliver hat zu beiden Elternteilen eine positive Beziehung, ebenso zu dem Lebensgefährten der Mutter.

Zielvereinbarungen, Maßnahmen:

Da Oliver in der dritten Klasse völlig überfordert ist und durch erhebliche Konzentrationsmängel sowie durch Schwierigkeiten beim Lesen und Schreiben auffällt, wird er in die zweite Klasse zurückgestuft und nutzt parallel das Angebot der „Mobilen Lese- und Rechtschreibeambulanz“ des Kreises Segeberg, um nach dem „Kieler Leseaufbau“ das Lesen erneut von Grund auf zu erlernen. Parallel erfolgt die gezielte Einzelförderung im Internat in Zusammenarbeit mit der Schule. So kann die drohende Umschulung in eine Förderschule für Lernbehinderte verhindert werden. Einmal wöchentlich besucht Oliver zudem das Legastheniezentrum in Bad Segeberg.

Oliver benötigt klare Strukturen und Arbeitsanweisungen, um den schulischen Anforderungen gerecht werden zu können. Sich selbst zu strukturieren und zu organisieren fällt ihm schwer. Hinzu kommt, dass er seine Lern- und Leistungsbereitschaft stark von Sympathien für die einzelnen Lehrkräfte abhängig macht.

Die Unterstützung von Olivers großem Interesse für Internatsangebote wie Segeln, Angeln oder Tauchen soll nicht nur seinem Wohlbefinden dienen, sondern diese Angebote bieten darüberhinaus auch entwicklungsangemessene Herausforderungen, die Olivers Selbstwertgefühl und Selbststeuerungsfähigkeit zugute kommen.

Christian

Beim Eintritt ins Internat 17,6 Jahre alt:

Anamnese:

Kräftiger, physisch gereifter junger Mann mit Neigung zu Adipositas. Auffälligkeiten zeigt neben der physischen die emotionale Entwicklung in Form von geringem Selbstwertgefühl, mangelnder emotionaler

Selbstregulation (keine altersgemäße Impulskontrolle, wird schnell aufbrausend und laut in der Stimmführung) sowie der Eigen- und Fremdwahrnehmung (neigt zu Überschätzung des eigenen Leistungsvermögens). Christian hat ein stetiges übersteigertes Bedürfnis, sein geringes Selbstwertgefühl durch Aufwertung der eigenen Person zu kompensieren. Dies geschieht zum einen durch Äußerlichkeiten (Tragen von Markenkleidung und bewusste Kontaktaufnahme zu „sozial besser Gestellten") und zum anderen durch Abwertung anderer (intrigierendes Verhalten, Schüren von Konflikten), gepaart mit überheblichem, teilweise arrogantem Auftreten. Christian besucht aktuell die zehnte Klasse eines privaten Gymnasiums, aber aufgrund des Fehlens von Anstrengungsbereitschaft, Disziplin, Verpflichtungsneigung und Verantwortungsübernahme scheint der Realschulabschluss aktuell ausgeschlossen.

Persönlichkeitseindrücke, Interessen und Potenziale:
Trotz der genannten Mängel wirkt Christian grundsätzlich freundlich, gesprächsoffen und kritikfähig. Besondere Talente offenbart er im sprachlichen und rhetorischen Bereich. Christian weist zudem eine ausgeprägte moralische Entwicklung auf und verfügt über einen starken Gerechtigkeitssinn.

System Familie:
Christian stammt aus einem mittelständischen bürgerlichen Elternhaus, die Mutter ist Ärztin. Die Familie lebte bis zur Trennung der Eltern drei Jahre in Spanien. Christian wuchs bis zum elften Lebensjahr bei der Mutter auf, die sich dann aber mit der Erziehung überfordert sah und sich deshalb an das Jugendamt wendete, welches Christian in Obhut nahm. Dort übernahm der Vater den Jungen und erhielt das Sorgerecht. Dieses System Vater-Sohn scheiterte aber

nicht zuletzt aufgrund der schwierigen und unsteten Lebensumstände des Vaters. Daraufhin erhielt die Mutter wieder das Aufenthaltsbestimmungsrecht zugesprochen.

Zielvereinbarungen, Maßnahmen:
Mit Beginn der Internatsunterbringung besucht Christian ein privates Gymnasium, das zunächst gezielt auf den Realschulabschluss hinarbeitet. Die kleinen Klassen helfen ihm, sich zu finden, und bieten ihm mit seinem Leistungsvermögen insbesondere im sprachlichen Bereich einen Rahmen, um sich emotional wieder zu stabilisieren.

Die klaren Strukturen und festen Regeln im Internat, die sozialen Verpflichtungen und das Miteinander in der Freizeit mit Schülern aus allen gesellschaftlichen Schichten tragen parallel dazu bei, ihn in seinem Verständnis zu korrigieren, der Wert eines Menschen bestimme sich nach Einkommen und Herkunft.

Keine Erziehung ohne Beziehung

„Instrumenteller Scharfsinn in Bezug auf die Diagnosestellung und sorgfältig ausgearbeitete Zielvereinbarungen und Maßnahmen sind wichtig, taugen aber nicht viel, wenn keine tragfähigen Beziehungen zwischen Erziehern und Jugendlichen bestehen", meint der Rohlstorfer Lernberater Professor Karl-J. Kluge:

Viele professionelle Erzieher beschränken ihre positive Zuwendung zu Jugendlichen auf das Lob für bestimmte erwünschte Verhaltensweisen. Vertrauensvolle pädagogische Beziehungen können aber nur wachsen, wenn Erzieher ihre bedingungslose Zuneigung zu den Jugendlichen demonstrieren, wenn sie aufrichtiges Interesse am einzelnen Jugendlichen zeigen und nicht etwa am „Kunden Jugendlicher". Pädagogen und

Jugendliche in unserer modernen Kultur müssen wieder stärker in persönlichen Kontakt treten. Und dazu gibt es meiner Meinung nach vor allem eine „Methode“: das Gespräch. Hiermit meine ich natürlich nicht etwa ein Zielvereinbarungs- oder Feedbackgespräch, sondern jenen Dialog als eine Begegnungsqualität von Mensch zu Mensch: offen, fair, klar und deutlich sowie radikal subjektiv. Ein klarer, direkter Austausch, Begegnung auf Augenhöhe. Reinhard Sprenger hat einmal gesagt: „Wenn Erzieher ihren Jugendlichen mehr in die Augen schauen, dann brauchen sie den Jugendlichen weniger auf die Finger zu schauen.“ Und auch die aktuellen Ergebnisse der psychologischen Forschung und der Hirnforschung zeigen uns: Um beim Lernen und bei geistigen Anforderungen das Beste zu erreichen, muss Folgendes das Wichtigste werden: die Begegnung von Mensch zu Mensch. Gerade Jugendliche mit unsicheren Bindungen interpretieren es oft als Mangel an Interesse an der eigenen Person, wenn Erzieher oder Lehrer direkt zur Sache kommen. Deshalb ist empathisches Kommunizieren und die Investition von Zeit für persönliche Beziehungen vor allem auch bei „Jugendamtskindern“ so wichtig.[136]

Das „Jugendamtskind“ Anjuna berichtet hierzu:

Besonders in der Anfangszeit war für mich die emotionale Unterstützung von Seiten von Frank und Andrea (Anm.: Erzieher des Internats) sehr hilfreich. Frank ist in meinen Augen ein sehr, sehr guter Betreuer, der mit dem Herzen bei der Sache ist, und ich glaube, er versteht mich am besten. Ich kann eben mit ihm über alles reden. Ich glaube, er ist Pädagoge, nicht weil er nichts Besseres gefunden hat, sondern weil er wirklich mit Herz dabei ist und er unsere Probleme versteht.

Regelmäßige differenzierte Rückmeldungen

Zur individuellen Förderung jedes einzelnen Jugendlichen gehören auch regelmäßige konstruktive Feedbacks über sein Verhalten im Internat. Hinsichtlich des schulischen Lernens bedeutet dies beispielsweise, dass der Jugendliche neben der Rückmeldung über seinen Leistungsstand etwa durch Leistungsüberprüfungen (Klausuren) zusätzlich eine ausführliche Einschätzung zu seinem Arbeits- und Lernverhalten erhält. Diese Rückmeldungen sollen einerseits positiv unterstützend motivieren, andererseits durch gezielte Hinweise auf Schwachpunkte auch zur Selbstreflexion anregen.

Durch eine solche gemeinsame Reflexion von Erzieher beziehungsweise Lernbegleiter und Jugendlichem über das Lern-, Arbeits- oder Sozialverhalten soll der Jugendliche langfristig dahingehend gefördert werden, selbst mehr Verantwortung für sein Verhalten zu übernehmen und die eigenen Lern- und Reflexionsprozesse zunehmend autonom zu steuern.

Bei Oliver zum Beispiel war es zu Beginn notwendig, recht kleinschrittig voranzugehen und grundlegende Muster immer wieder einzuüben. Auch häufige Zielvereinbarungsgespräche, bei denen immer wieder neue Ziele definiert und alte Ziele modifiziert wurden, waren bei Oliver sehr effizient. Mittlerweile legt Oliver gegenüber früher erfreulicherweise ein sehr viel selbständigeres und verantwortungsvolleres Verhalten an den Tag, auch wenn er hin und wieder in alte Muster zurückverfällt,

berichtet Olivers Lernbegleiterin Frau Tesch.

Im Sinne der Rohlstorfer Philosophie einer ganzheitlichen Erziehung und Förderung beziehen sich die Rückmeldungen der Erzieher und Lehrer aber nicht nur auf offenkundig schulisch relevante Aspekte, sondern auf das ganze Spektrum menschlichen Verhaltens. Neben dem alltäglichen Feedback in Gesprächen und Situationen des gemeinsamen Tuns verdichtet sich dies insbesondere in den sogenannten Rohlstorfzeugnissen, durch welche ergänzend zu den Noten der Schulzeugnisse deutlich gemacht werden soll, welche tatsächlichen

Ressourcen, Kompetenzen und Tugenden jeder Einzelne an den Tag gelegt hat. Das Rohlstorfzeugnis ist nicht nur für die Eltern eine ergänzende Information, sondern in erster Linie wichtig für den Schüler, der darin seine Stärken gespiegelt bekommt, so dass er sich als kompetent begreifen kann trotz vielleicht schlechter Schulnoten. Und so können Rohlstorfzeugnisse aussehen:

Lieber Oliver,

Du lebst nun schon seit über fünf Jahren im Internat und gehörst als „Internatsoldie" schon fast zum Inventar. Das Internat ist schon lange zu Deinem Lebensmittelpunkt geworden.

Du bist freundlich, hilfsbereit und bescheiden. Du hast soziales Engagement und setzt Dich als Schülervertreter im Schülerparlament für die Interessen der Schüler ein. Außerdem bist Du aktuell Klassensprecher. Das bestätigt Dir das Vertrauen aus der Schülerschaft und zeigt Deine Anerkennung in Deiner Gruppe.

Du hältst Dich an die Ordnung und Regeln des Internats und erledigst die Dir aufgetragenen Pflichten gewissenhaft. Du stehst morgens pünktlich auf und besuchst regelmäßig die Schule. Zu Deinen Betreuern hast Du einen guten Kontakt.

Durch Deine vielseitigen Interessen weißt Du die Freizeitangebote im Internat zu schätzen und auch zu nutzen. Langeweile ist für Dich ein Fremdwort. Bei Deinem größten Hobby, dem Angeln, zeigst Du ein hohes Maß an Ausdauer, Motivation, Ernsthaftigkeit und Erfahrung. Diese schönen Eigenschaften verhalfen Dir im letzten Jahr, Deine Fischereischeinprüfung sowie Deine Segelscheinprüfung erfolgreich abzulegen. Dies sollte für Dich Anreiz genug sein, in Zukunft auf gefährliche und ungesunde Grenzerfahrungen verzichten zu können.

Liebe Sabine,

Du bist eine selbständige junge Frau. Du schaffst es vorbildlich, Deinen Tagesablauf ohne Unterstützung zu strukturieren, und hältst Dich an alle Regeln unseres Zusammenlebens. Auch Dein Ordnungssinn hat sich im letzten Halbjahr deutlich verbessert, was sicherlich auch damit zusammenhängt, dass Du jetzt ein Einzelzimmer bewohnst.

Kontakte und Freundschaften pflegst Du zu einigen wenigen, Dir sehr wichtigen Menschen. Du hast es aber zu unserer Freude auch geschafft, trotz persönlicher Abneigungen ein angemessenes Verhalten gegenüber anderen Menschen, die nicht zu diesem Personenkreis gehören, zu zeigen. Dies zeugt von Deiner Entwicklung ins Erwachsenenalter.

Es fällt Dir manchmal noch schwer, Sachverhalte oder Verhaltensweisen anderer, die Dich stören, direkt mit den Betroffenen zu klären. Hier solltest Du Dich bemühen, auf einer sachlichen Ebene direkt das Gespräch zu suchen.

Nach Deinem erfolgreichen Abschluss mit der Fachhochschulreife bist Du aktiv und motiviert Dein neues Ziel – das Abitur – angegangen. Du arbeitest selbständig und selbstverantwortlich und hast Deine Leistungen auch im 13. Jahrgang konstant behaupten und ausbauen können. Eine gute Arbeitsorganisation und -struktur tragen ebenso wie Deine Bereitschaft, Dein Wissen durch viel Lesen zu erweitern, dazu bei, dass Du den erforderlichen Lernstoff in den unterschiedlichen Leistungsbereichen effektiv bearbeiten kannst.

Nutze die Prüfungserfahrungen des letzten Jahres bei Deinen Vorbereitungen und überlege auch noch einmal, welche Stressfaktoren Dich dabei belastet haben, um ihnen vorzubeugen und entsprechend noch mehr Sicherheit zu erlangen.

Die beiden Briefe zeugen von großen Entwicklungsschritten, die Oliver und Sabine im Internat Rohlstorf gemacht haben. Wurde bisher nur in groben Zügen dargestellt, wie der Prozess der Aufnahme ins Internat verläuft und welche grundlegenden Aspekte unsere Pädagogik strukturieren, so soll in der Folge ein genauerer Einblick in diese Pädagogik gegeben werden, die solche Entwicklungen wie die von Oliver und Sabine möglich macht („Lernbegleitung und selbstgesteuertes Lernen"). Zum Abschluss erfolgt eine Darstellung des gesamten „Systems Internat Schloss Rohlstorf", zu dessen Pädagogen, wie deutlich werden wird, nicht zuletzt das Haus und seine besondere Umgebung zählen!

Lernbegleitung und selbstgesteuertes Lernen

Macht selbstgesteuertes Lernen Lehrer überflüssig?

In Roald Dahls Roman *Matilda* sagt die böse Schulleiterin Miss Trunchball, dass eine perfekte Schule eine solche wäre, in der es überhaupt keine Kinder mehr gäbe. Dies ist offenkundig eine der absurden Zuspitzungen des Romans. Wie wäre es aber mit einer Schule ohne Lehrer? In der Zukunftsvision *Walden Two*[137] des berühmten Psychologen Burrhus Frederic Skinner teilt Frazier, der Gründer der Gemeinde Walden 2, dem Besucher Professor Castle mit, dass man in dem progressiven Gemeinwesen Vorlesungen abgeschafft habe.

Wir lösen das Problem der Vorlesungen, indem wir auf sie verzichten. Die Vorlesung ist eine ziemlich unwirksame Methode, Kultur zu vermitteln. Sie wurde durch die Erfindung des Buchdrucks überflüssig. Sie existiert nur noch in unseren Universitäten und einigen anderen rückständigen Institutionen. Warum geben Sie Ihren Studenten nicht einfach gedruckte Texte? Ja ich weiß: weil sie sie nicht lesen würden. Eine feine Institution ist das, wenn sie das Problem mit platten Schikanen lösen muss.

Diese Zukunftsvision des vorlesungsfreien Lernens ist mittlerweile an vielen Schulen Wirklichkeit geworden. So wird beispielsweise in der US-amerikanischen Phillips Exeter Academy, welche Jugendliche mit großem Erfolg auf den Besuch von Eliteuniversitäten vorbereitet, nahezu vollständig auf vorlesungsartigen Unterricht verzichtet, aber ebenso auch an schwedischen Schulen oder in der am schwedischen Modell orientierten Grundschule Borchshöhe in Bremen.[138] Möglich ist ein solches vorlesungsfreies Lernen durch veränderte schulische Strukturen, welche die Fremdsteuerung des Lernens durch den Lehrer in hohem Maß durch eine Selbststeuerung durch die Schüler ersetzen. Bereits zu Beginn des letzten Jahrhunderts schrieb die schwedische Reformpädagogin Ellen Key: „Die Schule hat nur ein großes Ziel: sich selbst entbehrlich zu machen, das Leben und das Glück – das will unter anderem sagen, die Selbsttätigkeit – an Stelle des Systems und des Schemas herrschen zu lassen." Diese Aussage ist hundert Jahre später aktueller denn je. Keys Forderung nach mehr Selbsttätigkeit von Lernenden entspricht sowohl den aktuellen wissenschaftlichen Erkenntnissen der Psychologie und der Hirnforschung als auch den veränderten Anforderungen der Wissens- und Informationsgesellschaft an die Menschen.

Voraussetzung einer entsprechenden Pädagogik ist nach dem Rohlstorfer Lernberater Professor Karl Kluge vor allem ein Lernverständnis, welches den einzelnen Jugendlichen in den Mittelpunkt stellt und nicht etwa den dozierenden Lehrer oder die durch den Lehrplan vorgegebenen Anforderungen und Inhalte. Entgegen einer überholten, jedoch noch oftmals in Schulen vertretenen Auffassung ist der Lernende keinesfalls ein passiver Empfänger von Lerninhalten, sondern aktives Zentrum seines eigenen Lernuniversums, welches er selbstverantwortlich gestaltet, verwaltet, entwirft und erweitert. Der Lernende führt, wie es Kluge plastisch formuliert, sein eigenes Lernunternehmen, indem er eigenes Wissen und Können als „Unternehmenskapital" organisiert, einsetzt und mehrt.[139]

Dies bedeutet nach Kluge aber keineswegs, dass Lehrer in solchen „postkopernikanischen Lernuniversen" überflüssig werden. Stattdessen macht es die Entlastung der Lehrer durch den Übergang der Schüler von der

Fremdsteuerung zur Selbststeuerung beim schulischen Lernen möglich, dass die Lehrer ihre pädagogischen Kompetenzen für wichtige Erziehungs- und Bildungsaufgaben einsetzen, die an traditionellen deutschen Schulen meist zu kurz kommen. So kann Bildung einerseits ganzheitlicher und lebensnaher gestaltet werden, andererseits werden persönlichere Beziehungen zwischen Lehrern und Schülern ermöglicht und damit auch eine stärkere Orientierung an den Bedürfnissen, Potenzialen und Interessen des einzelnen Schülers. Bei einem solchen Verständnis des Lernens sieht sich der Pädagoge nicht mehr als „Hüter des Wissens“, der möglichst viel seines eigenen Wissens in den Lerner „einfüllt“ beziehungsweise „einbläut“, sondern vielmehr als Lernbegleiter, welcher, um die Metaphorik noch einmal aufzunehmen, die Lernunternehmer darin unterstützt, ihr persönliches Lernunternehmen aufzubauen und zum Erfolg zu bringen.

Lernbegleitung bedeutet Lernen in Beziehungen

Lernen, das wurde schon mehrfach betont, findet immer im Kontext von zwischenmenschlichen Beziehungen statt und der Erfolg schulischen Lernens hängt in hohem Maß von der Qualität der Lehrer-Schüler-Beziehungen ab. Schüler sind lernmotivierter und angstfreier, wenn sie sich vom Lehrer in ihren (schulischen) Fähigkeiten wertgeschätzt, vor allem aber auch als Personen geachtet und verstanden fühlen. Ebenso beeinflusst auch die Weise, wie die Schüler den Lehrer in fachlicher wie in menschlicher Hinsicht wahrnehmen, die Lernmotivation.

Vertrauensvolle emotionale Bindungen und Beziehungen lassen sich im Allgemeinen dadurch von unsicheren Bindungen oder oberflächlichen Zweck- oder Nutzbeziehungen unterscheiden, dass man sich auf

Vertrauenspersonen auch dann verlassen kann, wenn man Probleme hat oder wenn man Erwartungen nicht erfüllen kann. Tatsächlich wird in der Regel ein Lehrer von den Schülern vor allem dann als Vertrauensperson wahrgenommen, wenn er den einzelnen Schüler auch in schwierigen Situationen verlässlich und unterstützend zur Seite steht. Der traditionelle schulische Frontalunterricht kommt dem aber wenig entgegen. Hier werden vor allem Schüler bestärkt, die im Unterricht gut angepasst sind und die sich von sich aus aktiv beteiligen. Schüler dagegen, die sich zurückziehen, weil sie über- oder unterfordert sind, oder die sozial-emotionale Probleme haben, kann der Lehrer zumindest während des Unterrichts relativ schwer erreichen. Paradoxerweise erhalten bei diesem traditionellen Unterricht aber gerade Schüler, die durch ihr Verhalten den Unterricht stören, besondere Aufmerksamkeit des Lehrers und damit eine falsche Form von Bestätigung für ihr Verhalten.

Nicht allein in Finnland oder Schweden, sondern auch hier in Deutschland gibt es eindrucksvolle Beispiele für gelingende Lernformen – und wir in Rohlstorf sind dankbar, für die ständige Verbesserung unserer Arbeit auch von den Erfahrungen anderer profitieren zu können. Die Bodenseeschule St. Martin in Friedrichshafen setzt das Konzept des selbstgesteuerten und beziehungsorientierten Lernens seit Jahrzehnten erfolgreich um. Der Journalist Reinhard Kahl hat unter dem Titel *Treibhäuser der Zukunft*[140] eine umfangreiche Filmdokumentation zu dieser Schule geschaffen. Ein prägnantes Bild für die Art der Pädagogik in der Bodenseeschule ist der Anblick der Schüler bei ihrer täglichen freien Stillarbeit, in der sie siebzig bis neunzig Minuten lang an einem selbst gewählten Thema arbeiten. In dem Raum herrscht konzentrierte Stille. Gefragt, warum diese Grund-, Haupt- und Werkrealschulkinder so ungewöhnlich ruhig arbeiten würden, antwortet der Lehrer F. Gresser:

Die Stille kommt daher, dass jeder weiß, dass er das Richtige für sich macht. Er ist zufrieden und weiß, dass ich mich um ihn kümmere, dass ich innerhalb von fünf Minuten komme, wenn er den Strecker hochtut, dann kümmern wir uns um das Problem und das Problem ist dann meistens gelöst. Und dann kann er zufrieden weiterarbeiten und daher kommt die Ruhe.

Auf die Frage, was er denn mit renitenten Null-Bock-Schülern mache, antwortet Gresser zunächst, dass es an der Bodenseeschule gar keine renitenten Null-Bock-Schüler gebe, äußert sich dann aber zu Schülern mit Lernproblemen:

Oft ist es so, dass Schüler sich nicht an etwas rantrauen oder dass sie etwas wirklich nicht verstehen. Hinter „null Bock" steckt so vieles: das muss man rauskriegen und das kriegt man auch raus.

Das ist eine Erfahrung, die wir in Rohlstorf nur bestätigen können. Und wie am Bodensee gelingt dies am Wardersee durch das echte Interesse für das Kind und auch durch intensive Zusammenarbeit mit den Eltern und gegebenenfalls anderen Betreuern der Kinder. Wie für den Bodensee-Lehrer Gresser ist für uns jedes Kind einmalig.

Lernbegleitung im Internat Schloss Rohlstorf

Wir mögen dich so wie du bist.
Wir vertrauen auf deine Fähigkeiten.
Wenn du uns brauchst, sind wir da.
Versuche es zunächst einmal selbst.[141]

„Wenn du uns brauchst, sind wir da" – Nach diesem Motto des Internats verstehen sich unsere Lernbegleiter weniger als Spezialisten für bestimmte Wissensbereiche, sondern vielmehr als Experten für nachhaltiges und selbstgesteuertes Lernen.

„Wenn ein Schüler in einem bestimmten Schulfach regelmäßig schlechte Noten erhält, dann heißt das nicht, dass er für dieses Fach unbegabt ist“, sagt die Rohlstorfer Lernbegleiterin Angela Mollenhauer:

Die möglichen Ursachen für schulische Leistungsschwierigkeiten sind sehr vielfältig. Häufig sind schlechte Leistungen auf fachübergreifende Aspekte wie mangelnde Lernmotivation oder uneffektive Lerngewohnheiten zurückzuführen. Störendes Verhalten im Unterricht oder Leistungsverweigerung können Hinweise auf emotionale, soziale oder familiäre Schwierigkeiten sein. Manchmal resultieren Lernschwierigkeiten aus Beeinträchtigungen wie Legasthenie oder Dyskalkulie. In anderen Fällen sind Schüler zwar grundsätzlich leistungsfähig und motiviert, kommen aber nicht im Unterricht mit, weil ihnen einfach das notwendige Vorwissen fehlt. Weiterhin können Schüler demotiviert sein, weil sie sich ungerecht behandelt fühlen oder emotionale Unterstützung seitens des Lehrers vermissen. Für erfolgreiches schulisches Lernen sind uns hier in Rohlstorf daher vor allem folgende Aspekte wichtig 1. vertrauensvolle, wertschätzende Schüler-Lehrer-Beziehungen; 2. eine fortlaufende umfassende Diagnostik jedes einzelnen Schülers unter Einbeziehung seines familiären und sozialen Umfelds; 3. eine gezielte Förderung jedes einzelnen Schülers hinsichtlich seiner individuellen Schwächen und Stärken.

Die Heilpädagogin Frau Mollenhauer leitet eine der vier Lerngruppen, die von Montag bis Freitag jeweils neunzig Minuten gemeinsam im Internat üben. Bei den nachmittäglichen Lerngruppen wird eine Gruppenaufteilung nach unterschiedlichen schulischen oder Erziehungszielen vorgenommen. Die erste Lerngruppe setzt sich aus den Jugendlichen zusammen, die über die interne Schule des Internats einen Realschulabschluss anstreben, in der zweiten Gruppe befinden sich Gymnasiasten und Schüler der höheren Realschulklassen, in der dritten Gruppe Hauptschüler und Schüler der niedrigeren Realschulklassen. In der vierten Gruppe befinden sich vor allem Jugendliche, bei denen die psychosoziale Problematik oder ein besonderer Betreuungsbedarf im Vordergrund stehen.

Durch diese Gruppenaufteilung nach Lern- und Erziehungszielen wird das Rohlstorfer Prinzip der heterogenen Gruppen zwar teilweise aufgegeben, dies geschieht jedoch mit gutem Grund. Denn anders als beim klassischen schulischen Unterricht steht bei der nachmittäglichen Lernbegleitung mehr die individuelle Betreuung und Förderung jedes einzelnen Schülers im Vordergrund und weniger das gemeinsame Lernen in der Gruppe (für das soziale Lernen und die gemeinsame Aufgabenbewältigung in der Gruppe oder im Team gibt es im Internat Schloss Rohlstorf zahlreiche andere Gelegenheiten). Zudem verlangen die unterschiedlichen erzieherischen und schulischen Ziele bei den vier Lerngruppen nach Betreuungspersonen mit bestimmten fachlichen Qualifikationen. So werden etwa die ersten drei Gruppen von Gymnasiallehrerinnen betreut (Frau Rohde-Bay, Frau Tesch) und die vierte Gruppe von einer Heilpädagogin (Frau Mollenhauer). Übrigens inspirieren sich in allen Gruppen immer auch sehr verschiedene Kinder: In jeder Lerngruppe finden sich Mädchen und Jungen unterschiedlichen Alters, Kinder, die über das Jugendamt zu uns vermittelt wurden, wie Privatschüler, Kinder aus deutschen Familien und Kinder mit Migrationshintergrund. Die einzelnen Lerngruppen sind somit trotz der Aufteilung nach unterschiedlichen Lernzielen in sich immer noch sehr heterogen und fördern durch ihre Zusammensetzung eher eine kooperative als eine kompetetive Atmosphäre. Da bei der Rohlstorfer Lernkultur vor allem die individuellen Lernziele im Vordergrund stehen und nicht der Leistungsvergleich mit den anderen Jugendlichen, fühlen sich die Rohlstorfer

Schüler durch die Zuordnung zu den verschiedenen Lerngruppen nicht stigmatisiert. Da jeder Rohlstorfer Jugendliche an der Formulierung seiner persönlichen Lernziele selbst maßgeblich beteiligt ist, kann er sich als Gewinner fühlen, wenn er die persönlichen Ziele erreicht.

Eine Besonderheit der Rohlstorfer Lernbegleitungsgruppen ist die Zusammenarbeit zwischen Lernbegleitern und den Erziehern der Jugendlichen. Die erzieherische Betreuungsperson, die den Jugendlichen aus vielen unterschiedlichen Situationen sehr gut kennt und „dicht an ihm dran" ist, kann den Lernprozess zusätzlich unterstützen. Insbesondere in der vierten Lerngruppe mit den Jugendlichen, bei denen die psychosoziale Problematik oder ein besonderer Betreuungsbedarf im Vordergrund stehen, konnte durch die regelmäßige Anwesenheit der Betreuer und ihre Unterstützung effektiv und konzentriert gearbeitet worden. „Die Befürchtung, dass es sich negativ auswirken könne, weil wieder Betreuung und Lernbegleitung vermischt würden, ist nicht eingetreten. Im Gegenteil! Genau diese Konstellation hat den Schülern deutlich gemacht, wie einhellig und einvernehmlich alle an der Erziehung Beteiligten gemeinsam mit ihnen Ziele verfolgen", berichtet die Lernbegleiterin der vierten Lerngruppe Frau Mollenhauer. Entscheidend für das Gelingen sei das Wahren der Autorität des Lernbegleiters gewesen. Weitere Vorteile bestehen darin, dass der Informationsfluss wesentlich unkomplizierter und schneller erfolgen kann, dass angebahnte Konsequenzen ohne Diskussionen im Anschluss umgesetzt werden und auch durch den direkten und unmittelbaren Austausch zwischen Lernbegleitung und Betreuern modifiziert werden können.

Insgesamt bedeutet diese Form der Begleitung und Zusammenarbeit nicht nur für alle Beteiligten mehr Klarheit und Transparenz, sondern sie trägt auch dazu bei, dass die Schüler deutlich weniger Ausweichverhalten zeigen. Die Begleitung der Lernnachmittage durch die Erzieher ist auch für die Gruppe förderlich, weil insbesondere in der vierten Lerngruppe immer wieder einzelne Schüler Einzelbetreuung benötigen, was ohne Doppelbesetzung auf Kosten aller übrigen Schüler gehen würde. Doch nicht nur in der vierten Lerngruppe macht sich die starke Einbindung der Erzieher beim schulischen Lernen bezahlt. Christian, der in die Lerngruppe für Gymnasiasten und höhere Realschüler von Frau Rohde-Bay geht, berichtet: „Ich kann gut diskutieren, reden und argumentieren. Meine Schwächen sind, dass es mir schwer fällt meinen inneren Schweinehund zu überwinden. Ich brauche schon manchmal einen Tritt in den Hintern, damit ich mich in Bewegung setze. Das macht dann meistens Frank (Anm.: Christians Erzieher). Bei ihm weiß ich ja, dass er mich versteht und es gut meint." Und Anjuna, die in der gleichen Gruppe wie Christian lernt und ebenso wie er aufgrund ihrer schwierigen Kindheit früher recht düstere schulische Prognosen hatte, meint:

Maikes (Anm.: Maike ist Anjunas Erzieherin) Anwesenheit in der Lerngruppe finde ich sehr unterstützend. Maike achtet schon darauf, dass man nicht nur zwei Stunden rumsitzt, sondern dass man auch wirklich was macht. Das machen aber auch Herr Puck (Anm.: Lehrer und Lernbegleiter für die Fächer Deutsch und Biologie) und Frau Seeger (Anm.: Lehrerin und Lernbegleiterin für das Fach Mathematik). Frau Seeger schaut die Mathehausaufgaben immer gleich an und nicht erst am nächsten Tag. Frau Seeger hat es wirklich geschafft, mir Mathe zu erklären. Das hat vorher nie ein Lehrer geschafft, so dass ich den Stoff auch wirklich verstehe und nicht immer nur vor irgendwelchen Rätseln sitze und nicht weiß was ich machen soll. Das war auch ein Grund, warum ich früher die Hausaufgaben nicht gemacht habe - ich habe sie einfach nicht verstanden.

Wie die Schilderung deutlich macht, erhalten die Kinder und Jugendlichen in Rohlstorf eine sehr intensive Betreuung bei ihrem Weg zum eigenständigen Lernen – wenn und solange sie es brauchen. Denn die Fähigkeit zum selbstgesteuerten Lernen, die so wichtig ist für die Erfahrung der Selbstwirksamkeit, lässt sich nicht einfach voraussetzen und muss daher in der Regel selbst erst einmal erlernt werden. In der Praxis kann dies so aussehen, dass der Lernbegleiter durch die Auswahl von geeigneten Materialien oder Aufgaben Lernarrangements schafft, in denen sich der junge „Lernunternehmer" erproben kann.

Weiterhin kann der Lernbegleiter dem jungen Lernunternehmer auch als Vorbild dienen und ihm ein Lernen am Modell ermöglichen, indem er wie ein Handwerksmeister seinem Gesellen die Möglichkeit gibt, ihn bei der gekonnten Ausführung des „Handwerks" der selbstgesteuerten Aufgabenbewältigung zu beobachten und daran teilzunehmen. Wenn die Lernenden spüren, dass die Pädagogen ihren fachlichen Wissensvorsprung nicht einfach für ein Gefühl der Überlegenheit ausnutzen, sondern selbst immer weiterlernen, neugierig forschen und ausprobieren wollen, so kann dies ansteckender wirken als ein ausgefeilter fachlicher Vortrag.

Doch die Lernbegleitung ist ein dynamischer Vorgang und es ist wichtig, dass sich die Lehrenden immer wieder auf die konkrete Situation der Jugendlichen einlassen:

> Die pädagogische Kunst besteht darin, durch genaue Beobachtung ein Gespür dafür zu entwickeln, wann man die Lernenden sich selbst überlassen kann, wann man besser unterstützend eingreift und wann man den Prozess besser unterbricht, um eine reflexive oder rekreative Phase einzuleiten,

sagt die Lernbegleiterin von Christian und Anjuna, Frau Rohde-Bay.

„Was das Lernen angeht, bin ich weitgehend selbständig. Wenn ich Hilfe brauche, kann ich jederzeit zu Frau Rohde-Bay gehen und mich dazusetzen. Sie unterstützt mich sehr, indem sie mir die Matheaufgaben berichtigt und Aufsätze durchliest. Manchmal machen wir auch einen Termin aus und lösen dann mein Problem", kommentiert Christian. Und Sabine erzählt:

> Ich arbeite mittlerweile ziemlich eigenständig und bin auch meist gut vorbereitet, auch weil ich weiß, dass Gisela (Anm.: Frau Rohde-Bay) doch sehr darauf bedacht ist, mal abzufragen. Ich finde es gut, dass sie abfragt und Aufgaben verteilt, weiß mittlerweile aber auch selbst gut, dass ich mich selber darauf vorbereiten muss, auf meine Stärken und Schwächen in den Fächern. Eine allgemeine Schwäche von mir ist ja zum Beispiel die Emotionalität, mit der ich da rangegangen bin, was mich dann ja auch teilweise schon ein bisschen zurückgeworfen hat, was man ja auch teilweise gesehen hat. Ich hoffe, dass es in diesem Jahr besser wird, aber eigentlich glaube ich, dass es auch nur besser werden kann. In manchen Sachen bin ich schon sehr emotional. Das ist übrigens auch ein Feedback, das ich häufig bekommen habe.

Lernbegleitung als Arbeit mit Gefühlen und Selbstreflexion

Es könnte nun der Eindruck entstehen, dass Bildung und Erziehung sich letztlich nach ganz einfachen Rezepten verbessern ließen: indem man etwa die Schule nach dem Vorbild der Bodenseeschule oder der schwedischen Schulen umgestaltet und den klassischen Frontalunterricht durch das Konzept der Lernbegleitung ersetzt, moderne Lernarrangements herstellt, welche sich an den Anforderungen der Wissensgesellschaft orientieren, und das selbstgesteuerte Lernen sowie die Kooperation in Teams fördert.

Tatsächlich bleibt aber der Einfluss äußerer Lernarrangements auf innere Lernmuster und -einstellungen begrenzt. Zentrale Wahrnehmungs-, Reaktions- und Verhaltensmuster der Kinder und Jugendlichen sind oft tief verwurzelt, weil sie sich bereits in einem frühen Entwicklungsstadium etabliert haben. Dabei sind grundlegende gefühlsmäßige Reaktions- und Bindungsmuster und die allgemeine psychophysische Konstitution meist von entschieden größerer Bedeutsamkeit für individuelle Lerneinstellungen als spezifischere kognitive Schemata. So wurde beispielsweise schon auf die Beeinträchtigung der selbständigen Exploration der physikalischen Umwelt bei Kindern durch ein unsicheres Bindungsmuster hingewiesen (vgl. Bowlby[142]) und auf den negativen Einfluss emotionaler, familiärer und sozialer Probleme auf die schulische Leistung.

Der Aufbau gegenseitigen Vertrauens und die Etablierung einer konstruktiven Lernbeziehung zwischen Lernbegleiter und Lernendem kann durch bestimmte Vorgehensweisen und Arrangements begünstigt werden – von der Bedeutung einer transparenten Darlegung der Vorgehensweise bei der Lernbegleitung, von klaren Ziel- und Rollenvereinbarungen in gemeinsamem Einverständnis, von informellen Treffen vor Beginn der eigentlichen Lernarbeit sowie von einem grundlegenden Vertrauen seitens des Lernbegleiters war schon die Rede. Wenn jedoch tief verwurzelte emotionale Wahrnehmungs- und Denk-, Reaktions- und Beziehungsmuster die Lernbeziehung und das Lernen in stärkerem Maß beeinträchtigen, müssen diese bewusst gemacht und reflektiert werden. Dies kann dadurch geschehen, dass sich der Lernbegleiter beim Lernenden einfragt („Wie fühlst du dich gerade?“, „Wo bist du mit deinen Gedanken“) und so eine Reflexion und Bearbeitung ungünstiger Muster anregt.[143] Ein solches Einfragen ist selbstverständlich auch in Bezug auf primär „kognitive“ Muster möglich, etwa bei der Lösung einer Mathematikaufgabe („Wie bist du jetzt vorgegangen?", „Wo fehlt es dir an Wissen?", „Was ist dir leicht gefallen, wo gab es Schwierigkeiten?"). Dass solche Techniken wie das Einfragen nur schwer im Rahmen des klassischen schulischen Frontalunterrichts anwendbar sind, liegt auf der Hand. Für eine optimale Förderung der Selbstreflexion der Jugendlichen hinsichtlich ihrer emotionalen und kognitiven Vorgänge beim Lernen sind daher konsequente strukturelle Veränderungen erforderlich.

Das Lehren täglich lernen

Doch das Einfragen ist keine mechanisch anwendbare Technik, denn hier spielen auch die emotionale Befindlichkeit des Fragenden und seine Gefühle für den Lernenden eine nicht zu unterschätzende Rolle. Es ist daher unabdingbar, dass der Lernbegleiter seine eigenen Gedanken und Gefühle reflektiert. Ansonsten läuft er leicht Gefahr, das Vertrauen des Lernenden zu verspielen. Ein Lernbegleiter, der sich in seinen Worten engagiert und um das Wohl des Lernenden bemüht zeigt, der aber nonverbal signalisiert, dass er in Wahrheit seinem Schützling nichts zutraut, wird von diesem mit hoher Wahrscheinlichkeit ebenso abgelehnt. Auch wenn eine Lernbegleitung ihren privaten Unmut gewohnheitsmäßig an Schülern abreagiert, werden diese möglicherweise „innerlich kündigen".

Für den Lernberater Karl Kluge ist Lernbegleitung nicht nur Zielvereinbarung, Instruieren, Feedback, sondern vor allem intensive Arbeit mit Emotionen – mit den eigenen und denen des Lernenden. Eine zentrale Rolle spielt dabei auf allen Seiten die Selbstreflexion. Professionelle Lernbegleitung zeichnet sich daher nicht durch Routiniertheit aus, sondern durch Prozesssicherheit: durch eine Professionalisierung des Zirkels: Tun-Denken-Tun-Reflektieren.

Um diesen Anforderungen gerecht zu werden, braucht es nicht nur engagierte Lehrende und Erziehende, die zugleich die Freude und Hingabe, die sie vermitteln wollen, auch vorleben. Damit ihr Engagement erhalten bleibt und sie Möglichkeiten finden, mit ihrer eigenen Belastung umzugehen, sind Strukturen notwendig, die die Pädagogen in ihrer Selbstreflexion unterstützen, Begegnungen, in denen sie sich austauschen und ihre eigenen Kompetenzen ausbauen können.

In Rohlstorf haben wir ein differenziertes Angebot von Strukturen entwickelt, in denen die Mitarbeiter auftauchende Probleme bearbeiten, sich fortbilden und ihre eigenen „Batterien" wieder auffüllen können. Dies reicht vom Austausch in den täglichen Teamsitzungen über Fallbesprechungen bis hin zur Beratung durch externe Psychologen sowie zu pädagogischen und fachlichen Fortbildungen. Konkrete Angebote sind beispielsweise

- Kollegiale Beratung in den täglichen Dienstbesprechungen
- Wöchentliche themenzentrierte, vorstrukturierte Teambesprechungen mit allen Dienstbereichen des Hauses
- Wöchentliche Gruppenteamsitzungen
- Fallbesprechungen in regelmäßigem Turnus sowie aus aktuellem Anlass
- Regelmäßiger Austausch mit den Fachlehrern der Schulen sowie den externen Psychologen und Therapeuten
- Interne wie externe Weiterbildung und Schulungen zum Beispiel durch Professor Kluge an der Universität Köln
- Externe Schulungen zu Spezialthemen wie Sucht, ADS oder Freizeitpädagogik

Wichtig ist auch die Förderung der Kreativität und Eigeninitiative der Mitarbeiter. Bei einer lernfreudigen Organisation ist es eine Selbstverständlichkeit, dass die

Mitarbeitenden ausreichend Möglichkeiten haben, eigene Ideen und Verbesserungsvorschläge einzubringen. In diesem Sinne betrachten wir das Internat Schloss Rohlstorf als ein „pädagogisches Labor", das viel Raum für Experimente bietet.

Das System Internat Schloss Rohlstorf als pädagogisches Labor

Gemeinschaft der Verschiedenen - Eine Miniaturabbildung der Gesellschaft

Dem Schriftsteller Gustave Flaubert wird die Aussage zugeschrieben: „Wer auch immer im Alter von zehn Jahren ein Internat kennengelernt hat, weiß alles über die Gesellschaft.“[144]

Auch wenn Flaubert diese Aussage wahrscheinlich nicht so wortwörtlich gemeint hat – genau *dies* ist eine ganz zentrale Idee unserer Rohlstorfer Kompetenzpädagogik.

Aufgrund der Tatsache, dass die Jugendlichen und Kinder im Internat Schloss Rohlstorf aus sehr unterschiedlichen sozialen Verhältnissen stammen, stellt die Gemeinschaft gewissermaßen eine Miniatur unserer bundesdeutschen Gesellschaft dar. So gibt es, wie schon deutlich werden konnte, bei uns Kinder von reichen Eltern wie von solchen, die ein geringes Einkommen haben, aus sehr gebildeten wie eher bildungsfernen Gruppierungen, aus vollständigen Familien wie von Alleinerziehenden. Hinzu kommt, dass circa 20 Prozent unserer Schüler einen Migrationshintergrund haben. Diese Heterogenität ist von großem Vorteil für Kinder, die in solch einer Gemeinschaft leben, weil sie frühzeitig konfrontiert werden mit fremden Kulturen, mit verschiedenen Sichtweisen oder mit unterschiedlichen familiären Strukturen und dadurch die Möglichkeit haben, in dem engen Zusammenleben hier im Internat am jeweils Eigenen der anderen teilzuhaben.

In unserem Internat leben muslimische Jugendliche, die selbstverständlich den Ramadan feiern. Die anderen Kinder im Internat erleben mit, dass diese Kinder während des Ramadans von Sonnenaufgang bis Sonnenuntergang keine Nahrung zu sich nehmen. Sie sehen mit großem Respekt und voller Bewunderung, dass Menschen aufgrund ihres religiösen Hintergrundes in der Lage sind, diese Disziplin aufzubringen.

Unterschiede gibt es natürlich auch im schulischen Können und der Lernfähigkeit der Kinder und Jugendlichen, wobei die Einzelnen in der Regel eine sehr genaue Einschätzung sowohl zu den Stärken und Schwächen der anderen als auch zu ihren eigenen Fähigkeiten haben. In der nachmittäglichen Lernbegleitung wird jedes Kind seinem individuellen Rhythmus entsprechend aufgefangen und gefördert – ob es darum geht, mit Legasthenie, Dyskalkulie oder Aufmerksamkeitsstörungen umzugehen, oder ob ein besonders intelligentes Kind eigene Herausforderungen und besondere Aufgaben braucht. Lernschwierigkeiten werden in der Gemeinschaftserziehung von den Jugendlichen nicht als etwas Negatives erlebt, sondern eher als eines von vielen Problemen, die man in einer großen Gemeinschaft bewältigen muss. Weder sehr begabte noch eher langsam lernende Kinder werden stigmatisiert, sondern ihre schulische Leistungsfähigkeit wird in der Gemeinschaft wie von den Erziehern als eine von vielen Schattierungen eines Menschen wahrgenommen. So wird das möglich, was wir Kompetenzpädagogik nennen: Wir stärken die Stärken und schwächen die Schwächen.

Stellt die Internatsgemeinschaft einerseits eine Miniaturabbildung der Gesellschaft dar, in der die Jugendlichen die Möglichkeit haben, soziale Vielfalt zu erproben, so ist sie andererseits auch ein geschützter Raum. Wo nötig, strukturieren Erzieher das gemeinsame Leben und bieten Hilfe und Unterstützung an. Die Intensität des Zusammenlebens im Internat – viel gemeinsam verbrachte Zeit, viele Bezugspersonen für jeden Einzelnen – bildet dabei besonders gute Bedingungen dafür, die Stärken und Schwächen der Kinder und Jugendlichen wahrzunehmen und differenziert darauf zu reagieren.

Wie in der übrigen Gesellschaft, etwa im Berufsleben oder in anderen sozialen Zusammenhängen, so hat auch in der Internatsgemeinschaft jeder seinen spezifischen Platz. Jeder hat auch seine spezielle Verantwortung, der er gerecht werden muss. So sind die älteren Schüler Vorbild für die Jüngeren und müssen diese Verantwortung leben. Schüler der älteren Gruppen gehen abends beim Schlafengehen zu den Gruppen der Jüngeren und lesen ihnen die Gutenachtgeschichten vor, oder wenn es zum Essen geht, achten die älteren Schüler darauf, dass die Jüngeren sich mit den Tischmanieren zurechtfinden – von ihnen lassen sie sich auch zeigen, dass man eine Gabel nicht wie eine Waffe hält. Und wie von selbst wird diese Verantwortung an die nächste Gruppe weitergegeben. Solche Lernprozesse, wie sie auch in den früheren Großfamilien selbstverständlich waren, bleiben Kindern in den heutigen Kleinfamilien in der Regel vorenthalten.

So ist die Gemeinschaftserziehung zum einen eine Vorbereitung auf eine im Zuge der Globalisierung durch immer mehr Verschiedenheiten geprägte Welt – eine Einübung in die Wertschätzung der jeweiligen Eigenheiten. Gerade die Vielfalt ist ja das, was uns bereichert. Es geht darum, zu verstehen, dass Vielfalt uns nicht daran hindert, unser eigenes Leben zu leben, sondern sie bietet uns Anregungen, jeweils das für uns zu finden und zu leben, was für uns selbst sinnvoll ist.

Zum anderen aber antwortet die Gemeinschaftserziehung im Internat in meinen Augen auf ein ureigenstes menschliches Bedürfnis: Wir Menschen sind keine Einzelgänger, keine Einzelwesen. Erst in der Gemeinschaft, im Dialog mit den anderen fühlen wir uns geborgen und können unsere Potenziale entfalten. Meiner Meinung nach ist es wichtig, dass Erziehung rechtzeitig diesen Gedanken aufgreift und den Kindern die Möglichkeit gibt, sich in einer größeren Gemeinschaft zu entfalten.

Von Regeln und Werten

Gerade wo viele Menschen zusammenleben, braucht man Strukturen und Regeln, um das Miteinander zu erleichtern und unnötige Konflikte zu vermeiden. Diese Strukturen sind einmal in unserer Internatsordnung festgeschrieben. Aber das ist zunächst nur beschriebenes Papier. Strukturen und Regeln müssen gelebt werden und dazu gehört beispielsweise auch, dass Sanktionen folgen, wenn sie nicht eingehalten werden.

Jeder, der ins Internat kommt, jeder Jugendliche, aber auch jeder Erzieher und Mitarbeiter des Internats, muss die Internatsordnung zur Kenntnis nehmen und sich zu den Regeln des Internats bekennen. Zunächst findet das seinen konkreten Ausdruck darin, dass man die Internatsordnung unterschreibt. Doch das ist nur der erste Schritt. Einer unserer Leitsätze lautet: „Nur was zu Tat wird, hat auch (internats-)pädagogischen Wert.“ (Karl-J. Kluge) Damit meinen wir, wir müssen uns diese Regeln aneignen, wir müssen sie leben und wir müssen damit umgehen. Was auch heißen kann, dass wir sie verändern, wenn sie zu unserem Miteinander nicht mehr passen.

Die erste Regel, die wir uns gegeben haben, ist, dass wir uns gegenseitig Respekt und Wertschätzung entgegenbringen. Ganz besonders in einem Bereich, wo so unterschiedliche Menschen zusammenleben, ist eine anerkennende Haltung gegenüber dem anderen von besonderer Bedeutung. Respekt meint dabei nicht allein die Achtung, die man dem Erzieher und der Leitung des Internats entgegenbringt, sondern es geht um die grundsätzliche Achtung vor dem Mitmenschen – gleich, ob es sich um einen Erzieher, einen Angehörigen des Hauspersonals oder einen Fahrer handelt, der die Jugendlichen morgens in ihre Schulen bringt. Vor allem geht es dabei um die gegenseitige Achtung und Wertschätzung unter den Mitschülern und Mitbewohnern des Internats. Solche Wertschätzung drückt sich schon darin aus, dass man sich freundlich grüßt und fragt, wie es dem anderen geht. Ich sage zu den Kindern und Jugendlichen: „Es geht mir nicht darum, dass mich jemand mit dem Herzen grüßt – das wäre zwar schön, aber ich kann es nicht verlangen, denn dabei geht es um die persönliche Beziehung, die sich aus der Geschichte zwischen zwei Menschen vielleicht ergibt. Es genügt mir, wenn mich jemand einfach freundlich grüßt. – Das sind Formen, aber es sind Formen, die für ein gutes Zusammenleben wichtig sind."

Für meinen Beitrag zu diesem guten Zusammenleben habe ich mir eine Art Spiel mit den neuen Kindern am Anfang eines Schuljahres ausgedacht. Ich sage ihnen, dass ich sie alle innerhalb einer Woche bei ihrem vollen Namen kenne. Nach einer Woche darf jeder zu mir kommen und mich fragen, wie er oder sie heißt. Wenn ich es nicht weiß, bekommt das Kind von mir eine Tafel Schokolade als Entschädigung, und sollte ich es beim nächsten Mal wieder nicht wissen, bekommt es zwei Tafeln Schokolade. Das kleine Spiel hat den guten Effekt, dass die Kinder spüren, dass ich mich für sie interessiere, und sich trauen, auf mich zuzukommen – eine heitere Art, in Beziehung zu treten.

Achtsamkeit lernen

Wichtig für das Leben in einer Gemeinschaft ist für mich auch immer die Atmosphäre, in der man lebt. Ich möchte die Atmosphäre im Internat Schloss Rohlstorf als eine Atmosphäre der Achtsamkeit bezeichnen: Achtsamkeit gegenüber den anderen Menschen, Achtsamkeit gegenüber der Natur, Achtsamkeit auch gegenüber dem Internatsgebäude und anderen von Menschen geschaffenen Dingen und letztlich in all dem: Achtsamkeit vor sich selbst.

Wir haben hier in unserem Internat das Glück, dass wir in einem sehr schönen alten Haus leben können, einem Haus, dessen Charakter spürbar geprägt ist von der Geschichte, in der es entstanden ist, von den Zeiten, durch die es gestanden hat, von den Menschen, die es erbaut und die es bewohnt haben. Das Haus befindet sich in einer schönen Umgebung, an einem See in einem großen Park, und es ist umgeben von sehr viel Natur und einem Naturschutzgebiet. Diese Situation führt bei den Kindern dazu, dass sie fast so eine Art Ehrfurcht vor der Natur entwickeln und dass sie sich mit dem Haus identifizieren. Ich höre sehr häufig Kinder sagen: „Es ist so schön, dass ich in einem Schloss leben darf." Auch die Jugendlichen freuen sich über die eigene und besondere Atmosphäre, die in diesem Haus herrscht. Beispielsweise

sorgen wir dafür, dass es Blumen im Haus gibt und dass vor der Tür Blumen den Besucher empfangen. Es wird auch sehr auf Ordnung geachtet. Im Speisesaal wird zum Essen der Tisch schön gedeckt, Blumen auf dem Tisch strahlen Heiterkeit und Lebendigkeit aus. Das sind alles Dinge, die die Atmosphäre in positiver Weise beeinflussen und den Kindern helfen, ihre Umwelt schätzen zu lernen und sich achtsam darin zu bewegen.

Meiner Meinung nach ist Erziehung etwas Umfassendes: Es betrifft den ganzen Menschen und es wirkt von allen Seiten und auf allen Ebenen auf ihn ein. „Keine Erziehung ohne Beziehung" – das heißt auch, dass das gesamte System Internat auf die Jugendlichen einwirkt. Vorgelebte Werte, angefangen von der freundlichen Begrüßung und dem Einander-beim-Namen-Ansprechen bis dahin, dass wir uns gegenseitig respektieren in unserer Eigenart, in unserer Persönlichkeit. Diese Art des Umgangs prägt das ganze Internat: von den Jugendlichen untereinander über die Erzieher und die Internatsleitung bis hin zu den Fahrern oder den Reinigungskräften, die die Zimmer fegen und die den Schülern durchaus auch auf gute Art mitteilen können, dass sie ihr Zimmer nicht so unordentlich hinterlassen dürfen, wenn sie darin für Sauberkeit sorgen sollen.

Die Beteiligung der Kinder und Jugendlichen an der Ordnung im Haus spielt pädagogisch eine große Rolle. Da ist einmal der Küchendienst zu nennen, der stark strukturiert ist: Jede Gruppe ist einmal pro Woche eingeteilt zum Küchendienst und hat dann nach dem Mittagessen in der Küche beim Abräumen, beim Abtrocknen und beim Einräumen des Geschirrs und so weiter mitzuhelfen. Anschließend wird der Tisch neu eingedeckt fürs Abendessen und am Abend muss dann noch einmal abgedeckt werden. Die Kinder sind also mit einbezogen in die Verantwortung für die Abläufe im Internat und lernen auch den Wert bestimmter Arbeiten anzuerkennen, die sonst andere für sie erledigen. Selbstverständlich sind immer einige Kinder dabei, die sich vor dem Küchendienst drücken wollen. Allerdings ist der Küchendienst auch ein beliebtes Vehikel um Sanktionen auszusprechen. Wir sind aber sehr bemüht, Sanktionen immer im Zusammenhang mit der Verfehlung auszusprechen. So sollte jemand, der beim Rauchen erwischt wird, keinen Küchendienst machen, sondern ums Haus gehen und den herumliegenden Müll aufsammeln.

Ordnung und Sauberkeit in den Zimmern sind sehr abhängig von den individuellen Wahrnehmungen der Schüler. Manche Kinder sind akribisch ordentlich, stapeln ihre T-Shirts im Schrank, so dass man ein Lineal anlegen könnte, anderen fällt es nicht auf, wenn schmutzige Wäsche auf dem Boden herumliegt. Wir akzeptieren unterschiedliche Vorstellungen von Ordnung und Sauberkeit und versuchen jedem Kind gerecht zu werden. Es gibt allerdings bestimmte Regeln, die einzuhalten sind. Dazu gehört beispielsweise, dass am Morgen, bevor das Reinigungspersonal in die Zimmer kommt, keine Gegenstände mehr auf dem Boden herumliegen, das Bett gemacht ist und der Schrank sich in einem Zustand befindet, dass man ihn schließen kann. Falls das nicht der Fall ist, wird das Zimmer gesperrt und die Kinder müssen sich, bevor sie ihr Zimmer wieder betreten, bei ihrem Erzieher melden, der sie auffordert, das Zimmer selbst zu reinigen. Wir erleben, dass den Kindern und Jugendlichen diese Regeln einleuchten und dass sie auf diese Weise einen eigenen Ordnungssinn entwickeln.

Auch die natürliche Umgebung spielt eine wichtige Rolle in der Erziehung im System Internat. In Rohlstorf erleben die Jugendlichen intensiv die Jahreszeiten. In dem umliegenden Naturschutzgebiet haben sie die Gelegenheit zu lernen, welche Tiere und Pflanzen es gibt und auf welche Lebensräume diese jeweils angewiesen sind. Hier erfahren sie unmittelbar, wie notwendig es ist, behutsam mit der Umwelt umzugehen, und sie entwickeln ein Bewusstsein für die gegenseitige Abhängigkeit von Mensch und Natur – dafür, dass der Mensch ein Teil der Schöpfung ist.

So ist es auch für die Jugendlichen nur konsequent, dass im Rahmen der Internatserziehung auch auf die Einübung umweltfreundlicher Verhaltensgewohnheiten geachtet wird. Darüber hinaus gibt es bei uns regelmäßig Projekte, die dem Umweltschutz und der Umweltpflege dienen, etwa eine jährliche Müllsammelaktion für die Gemeinde, in der sich das Internat befindet: In jedem Frühjahr schwärmt das gesamte Internat aus, um den Müll, der während des Winters und des übrigen Jahres hinterlassen worden ist, einzusammeln. Es gibt oft ein großes Erstaunen, was alles weggeworfen wird und wie achtlos Menschen mit ihrer Umwelt umgehen.

Achtsamkeit vor sich selbst beginnt mit der Achtsamkeit für die eigene Gesundheit. Während schlechte Ernährung, mangelnde Bewegung, Stress oder Drogen zu einer bedauerlichen Normalität für viele Menschen geworden sind, versuchen wir im Rahmen der Internatserziehung bei jedem einzelnen Jugendlichen gesundheitsbewusste Verhaltensweisen und Einstellungen zu fördern. So werden die Kinder und Jugendlichen angehalten, sich viel an der frischen Luft zu bewegen, und sie können sich aus dem vielfältigen Sportangebot des Internats die Aktivitäten auswählen, welche ihnen am meisten liegen.

Einige im Tennis hochbegabte Kinder, die in unserem Internat leben, und hier die Möglichkeit haben, schulische Anforderungen und leistungssportliche Förderung miteinander zu vereinbaren, haben durch ihren Sport schon ein sehr genaues Empfinden für die Bedürfnisse des Körpers und können darum den anderen oftmals ein Vorbild sein.

Eine wichtige Rolle spielt auch die Ernährung. Wir legen großen Wert darauf, dass die Kinder mit frischen Nahrungsmitteln versorgt werden. Es werden keine konservierten Nahrungsmittel verwendet. Frisches Obst steht jederzeit auf den Tischen. Wir gestalten den Speiseplan so abwechslungsreich wie möglich und richten die Speisen auch für das Auge attraktiv an, denn Essen soll ein Fest für alle Sinne sein. Dies ist nicht zuletzt deshalb wichtig, weil das Essverhalten vieler Kinder heute gestört ist, da sie Medikamente einnehmen müssen, die den Appetit hemmen.

Dass gesunde Ernährung und Bewegung nicht nur die Gesundheit und das allgemeine Wohlbefinden fördern, sondern auch speziell für das erfolgreiche schulische Lernen eine wichtige Rolle spielen, ist inzwischen allgemein bekannt. Ein nicht unbeträchtlicher Teil der von Lehrern beklagten Aufmerksamkeits- oder Konzentrationsstörungen bei Schülern lässt sich einfach darauf zurückführen, dass die Schüler morgens nichts oder nichts Vernünftiges gegessen haben und zu wenig Flüssigkeit zu sich nehmen.

„Philosophie der Achtsamkeit" oder Blumen auf den Tischen – für manchen der Jugendlichen, die zu uns kommen, ist das alles zunächst merkwürdig fremd und vielleicht etwas „abgehoben". Wer vom Jugendamt betreut wird, weil die Eltern nicht in der Lage waren, sich ausreichend um die Kinder zu kümmern, wer selbst in seinem Vertrauen in die Welt irritiert wurde, weil die Eltern sich scheiden ließen, wer auf traurige Erfahrungen in der frühen Kindheit mit aggressivem oder sogar kriminellem Verhalten, teilweise mit direkter körperlicher Gewalt gegen Personen reagiert hat, oder wer immer wieder die Erfahrung des schulischen Misserfolgs gemacht hat, weil er oder sie aufgrund eines Aufmerksamkeitsdefizitsyndroms nicht in der Lage ist, sich auf die Inhalte zu konzentrieren[145] – all diese Kinder, so könnte man denken, möchten wohl zunächst anderes brauchen als Blumen auf den Tischen. Doch letztlich erleben wir Tag für Tag, dass diese Philosophie der Achtsamkeit, die wir im Internat Schloss Rohlstorf praktizieren, sich jedem Kind und jedem Jugendlichen mitteilt, dass sie hilft, dass sich auch belastete Kinder in die Gemeinschaft integrieren können, weil sie in all diesen Details – und natürlich in der intensiven Betreuung und vielen anderen Aspekten – spüren: „Wir mögen dich so wie du bist."

Architektur als Pädagoge

Im Jahr 2002 begaben sich 18 deutsche Erziehungswissenschaftler und Journalisten auf eine Expedition ins „gelobte Gesamtschulland" Schweden. Als sie die Futurumschule in Habo betraten, trauten sie zunächst ihren Augen nicht:

> Schon die Architektur erinnert nicht mehr an Schule. Die Besucher haben den Eindruck einer Führung durch Ateliers und Labors. Sie sehen Räume, in denen Schüler gemeinsam in Arbeitsgruppen oder still für sich lernen. Staunen im Lehrerbüro über Schreibtisch und Computer für jeden Pädagogen. Oder über ein professionelles Musikstudio. Alle Räume sind um einen runden, hellen Großraum gebaut, der an einen Dorfplatz erinnert. Nach zwei Stunden fragt einer der Bildungstouristen den Lehrer, der uns führt: „Können wir denn auch mal Unterricht sehen?" Das Echo kommt prompt: „Das hier *ist* unser Unterricht." (...) Nichts erinnert hier an Schulen und nur wenig an Kindergärten. Vierjährige blättern in Kunstbüchern von Kandinsky und van Gogh oder ordnen ihre Portfolios, Mappen mit Zeichnungen und selbst gemachten Fotos von Waldexkursionen. Am Kopiergerät diskutieren sie darüber, ob da klitzekleine Robotermännchen drinstecken, die Kopien abmalen, oder wie sonst das Wunder möglich sei. Ihre Lehrerin Eva Svedin erklärt das Konzept: „Hier gibt es drei Pädagogen. Die Kinder sind der erste und wichtigste Pädagoge; die Lehrer der zweite, und der Raum mit seinem Interieur ist der dritte Pädagoge." Klaus Klemm schüttelt den Kopf und kann kaum glauben, was er sieht. „Kein Kind fragt, was soll ich jetzt machen. Es sind wirklich kleine Forscher."[146]

Der Schulleiter der Futurumschule Hans Ahlenius bezeichnet die Neudefinition von Raum und Zeit in den schwedischen Schulen als einen bedeutsamen Schritt raus aus der Industriegesellschaft in die Wissensgesellschaft. Die konzeptionellen Vorschläge von Skola 2000, dem schwedischen Schulreformprogramm, zur Lernraumgestaltung sind vor allem geprägt durch Offenheit und Funktionalität. Es soll eine Arbeitsumgebung geschaffen werden, die eine Atmosphäre von Sicherheit und Intimität sowie einen modernen Arbeitsplatz für alle Beteiligten bietet. Das Lernhaus ist ein moderner Arbeitsplatz, praktisch, bequem und gut ausgestattet, eine Mischung aus Wohnung, Büro und Werkstatt. Neben den Großräumen gibt es verschiedene Lernorte, die spezielle Umgebungsbedingungen aufweisen und von den Schülern individuell buchbar sind. So gibt es beispielsweise die Milchstraße (warm, hell, man darf sprechen), den Ozean (dunkel, kalt, man darf sprechen) oder den Lichthof (hell, warm, still).

In Futurum spielt auch die Ausstattung der Schule beziehungsweise der Lernräume mit Werkzeugen und Ressourcen eine große Rolle. An allen möglichen Orten gibt es Bildschirme, die Schülern und Lehrern einen schnellen Zugang ins schulische Intranet ermöglichen, um etwa Hinweise zu den Hausaufgaben einzuholen oder sich über aktuelle schulische und private Veranstaltungen zu informieren. Die Ausstattung bestimmter Räume wie des Musikstudios oder der Nähwerkstatt machen Musik- oder Theateraufführungen auf der Präsentationsbühne möglich. Auch Lernergebnisse aus Projektarbeiten werden mitunter auf der Bühne präsentiert, um so das Präsentieren von Arbeitsergebnissen zu trainieren, gleichzeitig aber auch die Arbeit anderer wertschätzen zu lernen.

Auch in Deutschland werden schon seit langer Zeit Ideen zur räumlichen Neugestaltung von Erziehungs- und Bildungsinstitutionen zusammengetragen und teilweise in Pionierprojekten verwirklicht. So wurde bereits 1974 die Laborschule in Bielefeld in Zusammenarbeit mit Hartmut von Hentig gegründet, welche in mehrfacher Hinsicht Vorbild für die bewunderten skandinavischen Schulen war. In der Laborschule wurde der Versuch unternommen, den Lernraum bewusst als Lebensraum zu gestalten und die unsinnige Trennung von Belehrung und Leben aufzuheben (fürs erste seien die Lehrer zuständig, fürs zweite die Eltern). Wie später in Schweden wurden flexibel gestaltbare Großräume genutzt, um ein individuelleres und selbständigeres Lernen zu ermöglichen.

Die Helene-Lange-Schule in Wiesbaden wurde nach der Ernennung von Enja Riegel zur Schulleiterin im Jahr 1986 auch in räumlicher Hinsicht komplett neu gestaltet.[147] Ungenutzte Klassenräume wurden abgerissen, um große Aufenthaltszonen zu schaffen, in denen Schüler freie Arbeiten selbständig durchführen können. Bei jedem fünften Klassenzimmer wurden die Wände zum Flur herausgebrochen, um den Kindern den neu gewonnenen Raum als Freiraum zu geben. Diese Freiräume gestalten die Kinder gemeinsam aus, indem sie beispielsweise Spiele, Zeitschriften, Bücher oder eine Muschelsammlung von zu Hause mitbringen. Auch bei der Einrichtung der Klassenräume (etwa dem Aufstellen von Tischen und Stühlen) wird großer Wert auf die Mitbeteiligung der Schüler gelegt. Nach der Veröffentlichung der PISA-Studie im Jahr 2002 wurde die Helene-Lange-Schule von einigen Vertretern der Medien zur deutschen PISA-Siegerin „mit besseren Leistungen als denen der Leseweltmeister aus Finnland und der Mathematikchampions aus Asien“ gekürt.

Wir haben uns von diesen Beispielen bei der Einrichtung des Internats Schloss Rohlstorf inspirieren lassen. Dabei kam uns aber zunächst der oben schon erwähnte besondere Charakter des Hauses und der Umgebung zugute. Das Gebäude ist im Stil des Barock erbaut worden. Es wird erzählt, dass in Holstein, als es noch unter dänischer Herrschaft stand, sich jedes Haus, in dem der dänische König einmal übernachtet hat, Schloss nennen durfte – vielleicht hat unser Haus daher den Namen Schloss Rohlstorf erhalten. Spürbar ist jedenfalls, dass das Haus für Begegnungen zwischen Menschen mit viel Sinn für Schönheit erschaffen wurde. Das sind gute Voraussetzungen für ein lebendiges Lernen an diesem Ort.

Die großen unteren Räume des Hauptgebäudes werden als Gemeinschaftsräume genutzt und haben das Flair einer gewissen Großzügigkeit. Sie sind zwar modern und zweckmäßig möbliert, ganz besonders der Speisesaal ist verhältnismäßig rustikal eingerichtet, aber die Architektur und die schönen Türen und Fenster vermitteln doch eine Stimmung der Festlichkeit – sie feiern die, die sich dort aufhalten.

Der größte Raum im unteren Bereich des Hauses ist der sogenannte Spiegelsaal. Dort finden regelmäßig alle zwei Wochen unsere „Vollversammlungen" statt. Der Spiegelsaal bietet dank seiner Größe die Möglichkeit,

mit allen Mitarbeitern, Kindern und Jugendlichen des Hauses gemeinsam zu erleben und zu bewerten, was sich in den vergangenen Tagen im Haus abgespielt hat. Dabei werden Geburtstage erwähnt, es werden Kinder belobigt für Dinge, die sie in ihrem sozialen Umfeld geleistet haben. Schulische Leistungen werden gewürdigt, positives Verhalten in der Gruppe, in der die einzelnen Jugendlichen leben, oder auch sportliche Leistungen, die jemand erbracht hat. Es kann aber auch sein, dass ein Schüler es nur geschafft hat, endlich das Zimmer ordentlich aufzuräumen – der Spiegelsaal hat Platz für alle Geschichten der Bewohner von Internat Schloss Rohlstorf.

Im unteren Bereich des Schlosses liegt auch die alte Bibliothek, in der eine Lernbegleitung am Nachmittag stattfindet und am Abend die Nachrichten im Fernsehen geschaut werden können. Die eigentliche Bibliothek ist vor zwei Jahren erst eröffnet worden und hat inzwischen einen Grundstock von Nachschlagwerken und ein beachtliches Repertoire an Belletristik und Sachbüchern, wird aber zunehmend erweitert und ausgebaut. Es gibt bestimmte Zeiten, zu denen die Bibliothek geöffnet ist. Eine Bibliotheksarbeitsgemeinschaft kümmert sich um die Katalogisierung, die Ausleihe und auch um die pünktliche Rückgabe der Bücher. Auch hier geht es uns darum, die Kinder möglichst intensiv in die Abläufe und in die Verantwortung einzubeziehen.

Weitere Unterrichtsräume befinden sich im so genannten Giebelhaus. Dieses Giebelhaus ist das älteste Gebäude auf der Anlage. Es steht unter Denkmalschutz und beinhaltet die internatseigene Schule, die aus zwei Schulräumen besteht, mit anschließenden Differenzierungsräumen und einem Raum für naturwissenschaftliche Lernmethoden.

Die Räume sind so konzipiert, dass sie je nach Bedarf für Gruppenunterricht oder Gesprächskreise genutzt werden können. Die Atmosphäre in den Schulräumen ist bewusst familiär gestaltet worden. Es gibt sehr schöne Holztüren, einen hellen Parkettfußboden und Vorhänge, die licht und leicht sind, um auch hier eine heitere Atmosphäre zu schaffen, die das Lernen beflügelt. Große Türen zwischen den Räumen erlauben es, mehrere Räume zu einer Einheit zusammenzufassen, wenn es die Situation verlangt.

Die Räume sind mit einer ergonomischen Bestuhlung eingerichtet und es stehen den Kindern Computer mit Internetzugang und Drucker zur Verfügung, so dass sie sich beispielsweise Arbeitsmaterialien vom Server herunterladen oder im Internet recherchieren können.

Schließlich befindet sich noch ein Raum für die Lernbegleitung im Torhaus, das etwas abgelegener ist. Der Raum ist sehr individuell gestaltet mit schönen Bildern und vermittelt eine Atmosphäre von Geborgenheit. Auch dieser Raum ist ausgestattet mit ergonomischer Bestuhlung und Arbeitsgeräten (Computern). Durch ihre Lage mitten in der Natur eignen sich die Räume im Torhaus besonders gut für Situationen und Übungen, die Stille und Konzentration erfordern.

In den zwei Geschossen im oberen Bereich des Hauptgebäudes sind die Schlaf- und Gruppenräume untergebracht. Die sechzig Kinder leben größtenteils in Zweibettzimmern. Es gibt ganz wenige Kinder, die in einem Einzelzimmer wohnen. Wir gehen davon aus, dass die Kinder und Jugendlichen in den Zweibettzimmern lernen, mit dem beschränkten Platz umzugehen, dort ihre eigene Ordnung zu schaffen und sich auch mit ihren Zimmerkameraden zu arrangieren. Dass jemand in einem Einzelzimmer wohnt, ist keineswegs immer ein Privileg, sondern oftmals hat es den Grund, dass der- oder diejenige an einer vorübergehenden Erkrankung leidet, manchmal ist es allerdings auch eine disziplinierende Maßnahme, die zum Nachdenken anregen soll.

In den beiden Bereichen der Obergeschosse gibt es für jede Gruppe einen Gruppenraum, in dem sich die Kinder während der Abendstunden mit ihrem Gruppenbetreuer aufhalten. Vor dem Zubettgehen können sie dort noch einmal zu einem Gruppengespräch zusammenkommen, oder sie haben die Möglichkeit, bei bestimmten Anlässen gemeinsam einen Film zu sehen. Auch können sie sich dort mit ihren Betreuern zu einem persönlichen Gespräch treffen.

Innerhalb jeder Gruppe gibt es ein Sonderzimmer, das für den Betreuer auch als Schlafraum vorgesehen ist. Das geschieht einerseits, um die Disziplin während der Nacht aufrechtzuerhalten, andererseits auch, um bei Problemen, die gerade während der Nacht auftreten (Krankheiten, Schlafstörungen), sofort bereit zu sein. Dank dieser intensiven Fürsorge haben wir einen der höchsten Betreuerschlüssel für Internate in Deutschland.

Die Kinder und Jugendlichen richten ihre Zimmer sehr individuell ein, zumeist auch mit Fotos von Familie und Freunden. Viele Mädchen hängen Poster ihrer Lieblingsband auf, bei den Jungen findet man mehr Abbildungen von technischen Geräten oder schnellen Autos, aber auch Popgruppen. Elektronische Geräte wie

Computer und DVD-Player sind in den Schlafräumen nicht gestattet, sondern dürfen nur in den Gruppenräumen benutzt werden.

Für jede Gruppe stehen moderne Badezimmer mit Duschen zur Verfügung, da Hygiene und Körperpflege nach unserer Ansicht einen wichtigen Aspekt der Achtsamkeit sich selbst und auch anderen gegenüber darstellen.

Die individuelle Ausgestaltung der Gruppenräume wird demokratisch in der Gruppe beschlossen. Die Kinder hängen Bilder auf, die sie selbst gemalt oder fotografiert haben, manchmal auch Sprüche, die in einer Phase eine bestimmte Bedeutung für sie haben. Es gibt Mantras, wenn es auf die Prüfungssituation zugeht – die Räume werden individuell und situativ den jeweiligen Bedürfnissen angepasst.

Rituale

Auch Rituale tragen dazu bei, dass die Kinder und Jugendlichen eine Beziehung zu dem Ort entwickeln. Eine besondere Rolle spielt hierbei der See. Hier gibt es beispielsweise das Ritual, jeden neuen Schüler oder jeden neuen Erzieher zu taufen: An einem bestimmten Tag im Sommer, wenn das Wasser eine Temperatur von mehr als 16 Grad hat, werden die Neulinge „freigegeben". Sie verstecken sich, werden aber von den anderen so lange gejagt, bis sie auch gefunden werden. Dann werden sie an den See getragen und vom Steg aus mit Schwung und unter großem Beifall der zahlreichen Zuschauer ins Wasser geworfen. Wir passen natürlich auf, dass bei jüngeren Schülern die Schwimmweste rechtzeitig angelegt wird, und das immer ein Erzieher dabei ist, damit es nicht zu Verletzungen kommt. Für alle Beteiligten hat das Ritual die spürbare Bedeutung, dass jemand nunmehr ganz und gar im Internat aufgenommen ist.

Ein anderes Ritual findet jeden Mittag statt: Alle Schüler versammeln sich vor der Tür des Speisesaals, bis um Punkt zwei Uhr dessen Türen geöffnet werden. Die Kinder gehen an ihre Plätze, jeder hat seinen festen Platz in seiner Gruppe. Die Erzieher essen mit den Kindern gemeinsam an ihrem Tisch. Im Speisesaal hängt eine alte Schiffsglocke. Ein Kind oder ein Erzieher hat die Aufgabe, die Glocke zu läuten und abzuwarten bis einen Moment Stille herrscht. Es wird so lange gewartet, bis es auch wirklich still ist. Das wissen die Kinder, und wenn sie sehr hungrig sind, dann wird es sehr schnell still. Daraufhin wird vom Pädagogischen Leiter „Guten Appetit" gewünscht und meistens noch eine Ansage gemacht. Erst dann beginnt das Essen. Nach dem Essen wird die Glocke noch einmal geläutet und es werden die Aktivitäten des Nachmittags verkündet.

Andere Rituale gibt es anlässlich der Geburtstage der Kinder, während der Weihnachtsfeier, beim Sommerfest und zu vielen anderen Gelegenheiten. Fast immer spielen die Räumlichkeiten des Hauses eine besondere Rolle darin. Und wie selbstverständlich werden die Rituale an jede neue Generation von Kindern und Jugendlichen – wie auch von Erziehern und Lehrern – weitergegeben.

Die Kraft der Stille

Die Forschung hat erst in den letzten Jahren einen eigentlich sehr naheliegenden, aber bisher zumeist wenig beachteten Aspekt von gemeinsamem Lernen entdeckt, nämlich die Akustik von Gebäuden und Räumen.[148] Denn trotz Internet und multimedialer Lernformen basiert schulisches Lernen nach wie vor maßgeblich auf mündlicher Kommunikation, also auf dem Miteinander-Reden und dem Einander-Zuhören. Daher sollten Schulen eigentlich bemüht sein, optimale räumliche Bedingungen für die mündliche Kommunikation anzustreben. In der Praxis ist aber häufig eher das Gegenteil der Fall. So haben Fachleute gezeigt, dass gerade ältere Klassenräume oft sehr lange Nachhallzeiten haben. Die Zusammenhänge sind einfach und bieten eine verblüffende Erklärung dafür, warum viele Schüler tatsächlich nicht hören können, was gerade vorgeht: Herrscht in einem Raum eine zu lange Nachhallzeit, so werden beim Sprechen nachfolgende Silben durch den zu langen Abklingvorgang der vorhergehenden verdeckt. Es kommt zu Verzerrungen des Sprachsignals, die die Sprachverständlichkeit verschlechtern. Dies gilt besonders für die weiter vom Sprecher entfernten Hörer, weil das bei ihnen ankommende Signal viele Raumreflexionen enthält. Zudem bleiben bei zu langer Nachhallzeit unerwünschte Geräusche (Stühlerücken, Füßescharren, Husten, Blättern, Klappern mit Stiften) zu lange im Raum. Die Folge ist ein ansteigender Lärmpegel, der besonders Kinder, deren Muttersprache nicht Deutsch ist, in ihrem Lernverhalten nachhaltig beeinträchtigt.

Hinzu kommt, dass das Fehlen einer klaren pädagogischen Linie oder ein schlechtes soziales Klima in der Klasse oft zu einem Anstieg des Lärmpegels führen, was sich wiederum negativ auf das soziale Klima und die Aufmerksamkeit der Schüler auswirkt, so dass sich Lärm und Stress gegenseitig aufschaukeln. Lehrer (oder Erzieher) reagieren auf diese Umstände gewöhnlich damit, dass sie mit erhobener, aber monotoner Stimme referieren und den Unterrichtsfluss häufig unterbrechen, indem sie Dinge wiederholen oder Schüler ermahnen. Einem interessanten und motivierenden Unterricht ist dies natürlich nicht zuträglich, stattdessen werden Schüler wie Lehrer schnell erschöpft und ermüdet.

Eine Verbindung von Stille und erfolgreichem Lernen ist also aus mehreren Gründen naheliegend. Stille ist eine Voraussetzung für die Konzentration bei intensiven Denkprozessen und fördert die vertiefende Auseinandersetzung mit Inhalten oder Materialien, man denke etwa an das ins Spiel vertiefte Kind oder den in sein Schaffen vertieften Künstler.

Doch Stille ist nicht allein eine Frage der akustischen Gestaltung der Räume, sondern auch der pädagogischen Haltung. Ein eindrucksvolles Beispiel hierfür ist der Choreograph Royston Maldoom, der durch den Film *Rhythm is it* einer breiteren Öffentlichkeit bekannt wurde. Er bringt es fertig, hundert Grundschulkinder in einer Turnhalle zu einem konzentrierten Schweigen zu bringen, und das wirkt nicht einmal besonders anstrengend: „Fokus, Konzentration, Stille",[149] verlangt er in der Halle der Ganztagsschule St. Pauli in Hamburg und geht dann in der Sporthalle umher, wo sich etliche Sportlehrer die Stimmbänder durch dauerndes Brüllen ruiniert haben, um flüsternd die Schüler für ihre Aufmerksamkeit und Konzentration zu loben. Wie die Schüler der schon erwähnten Bodenseeschule St. Martin spüren sie vermutlich, dass Maldoom ihnen vertraut, dass er sie bedingungslos als Künstler anerkennt, dass er mit ihnen in Beziehung geht und dass er sich um sie kümmern wird, wenn sie allein nicht mehr zurechtkommen.

Im Internat Schloss Rohlstorf ist es uns wichtig, auf mehreren Ebenen dem Prinzip Stille als Unterstützung für Konzentration und positives Zusammenleben Raum zu geben. Denn Stille ist eine notwendige Voraussetzung dafür, dem anderen zuhören und ihm antworten zu können – man kann nicht zuhören, wenn man selber laut ist. Wir geben deshalb den Kindern und Jugendlichen ausreichend Gelegenheit, ihre Energien und möglicherweise auch Aggressionen auf wohltuende Weise auszuleben, indem sie sich bewegen: Im Sommer beginnt für viele der Tag mit einem Morgenlauf, nachmittags nach der Lernbegleitung wird Fußball oder Volleyball gespielt. In den Wintermonaten gehen die Kinder ins Fitnessstudio.

Erlebnispädagogische Maßnahmen und Projekte sind nach Auffassung der Rohlstorfer Pädagogen in hervorragender Weise geeignet, die ganzheitliche Kompetenz- und Ermöglichungspädagogik des Internats zu unterstützen. Bereits der „Vater der modernen Erlebnispädagogik", Kurt Hahn, wendete sich strikt gegen eine ausschließlich theoretisch-verstandesmäßige Bildung und plädierte stattdessen für die Bereitstellung erlebnisintensiver Lernarrangements:

> Es ist Vergewaltigung, Kinder in Meinungen hineinzuzwingen, aber es ist Verwahrlosung, ihnen nicht zu Erlebnissen zu verhelfen, durch die sie ihrer verborgenen Kräfte gewahr werden können.[150]

Für Hahn war klar, dass eine umfassende Erziehung der Gesamtpersönlichkeit mehr erfordert als den herkömmlichen Schulunterricht und rein theoretisches Wissen. Für ihn gehörten die Herausforderung durch lebensnahe Situationen und die Bewährung in ihnen unabdingbar dazu.

Ansätze der erlebnisorientierten Pädagogik lassen sich bis in die Antike zurückverfolgen: Nahezu alle großen Pädagogen des abendländischen Kulturkreises haben sich mit dem Begriff des Erlebnisses mehr oder weniger intensiv auseinandergesetzt.[151] So betonte Plato die Notwendigkeit einer ganzheitlichen, harmonischen Erziehung von Körper, Geist und Seele durch Gymnastik, Musik und Malerei. Jean-Jacques Rousseau forderte im *Emile*, der Erzieher solle seinen Schüler weniger belehren, sondern ihm eher geeignete Situationen eröffnen, damit dieser sich selbständig mit der Natur und den Dingen auseinandersetzen könne, um die Konsequenzen seines Handelns unmittelbar zu erfahren und nicht zuletzt um aus seinen eigenen Fehlern zu lernen. Heinrich Pestalozzi berichtete aus seiner praktischen pädagogischen Erfahrung mit fünfzig obdachlosen Kindern auf einem Landgut, dass eine natürliche Lebensweise und die Möglichkeit, echte und unmittelbare Erfahrungen machen zu können, den Kindern wichtige Lernerfahrungen bringe. John Dewey plädierte im ersten Drittel des 20. Jahrhunderts dafür, dass schulisches Lernen ganz und gar auf Erfahrung aufgebaut sein sollte: „Learning by doing".

Kurt Hahn schließlich entwickelte als Berater des Prinzen Max von Baden zusammen mit diesem nach dem Ersten Weltkrieg ein neues pädagogisches Konzept, um, wie er es auffasste, den Verfallserscheinungen des preußischen Staats und der deutschen Jugend entgegenzutreten.[152] Hahn stellte bei der Jugend seiner Zeit vier grundlegende Mängel fest: 1. Mangel an menschlicher Teilnahme und Mitgefühl; 2. Mangel an Sorgfalt („Seuche der Schlamperei"); 3. Mangel an Initiative und 4. Mangel an körperlicher Leistungsfähigkeit. Als Ursachen für diese Mängel führte er an: Hast und Reizüberflutung, Konsumorientiertheit, geistige Entwöhnung von selbstverantwortlichem Entscheiden, zivilisationsbedingten Bewegungsmangel sowie den Missbrauch von Rausch- und Beruhigungsmittel. (Dass man diese „Ursachen" wiederum als Folgeerscheinungen der Lebensverhältnisse und Arbeitsstrukturen der modernen Industriegesellschaften interpretieren kann, wurde von Hahn nicht thematisiert).

Da die Jugend resistent sei gegen „offenkundige Verbesserer", wandte sich Kurt Hahn immer gegen Belehrung und entwickelte stattdessen etwas, was er „Erziehung durch Erlebnisse oder Abenteuer" nannte. Abenteuerliebe, die Liebe zur Gefahr und zum Sichbeweisen waren für Hahn die größten der *grandes passions,* welche die Jugend schützten. Hieraus resultierte seine „Erlebnistherapie", die die folgenden vier Elemente umfasste: 1. Sport und körperliches Training (dies sollte nicht nur die körperliche Fitness, sondern auch mentale Eigenschaften wie Selbstdisziplin fördern); 2. Expedition (über Land oder See, durch solche langandauernden und herausfordernden Aufgaben sollten Ausdauer und Geduld entwickelt werden); 3. Projekte (hierbei wurden auch handwerkliche Fähigkeiten geschult); 4. Rettungsdienst (durch Seenotdienst, Feuerwehr, Erste Hilfe sollten die „Lebhaftigkeit der Sinne" und die Wachsamkeit geschult werden).

Im Internat Schloss Rohlstorf greifen wir auf diesen reichen Wissens- und Erfahrungsschatz der von Kurt Hahn initiierten Erlebnispädagogik zurück und nutzen beispielsweise die Elemente der regelmäßigen Gruppenstunden und gemeinsamen Rituale, früher Übernahme von Verantwortung, Partizipation in demokratischen Entscheidungsprozessen, Expeditionen in die Natur oder gemeinsamen Singens und Musizierens, um die Kinder und Jugendlichen in ihrer ganzheitlichen Entwicklung zu unterstützen.

Ein Segelboot bei Wind und Wetter von einem Hafen in den anderen zu führen, eine Kanutour mit Über-

nachtung in Zelten am Lagerfeuer oder gemeinsam ein Theaterstück einzustudieren, natürlich inklusive einer durchgemachten Nacht, um die mit reichlich Lampenfieber belegte Premiere zu meistern – das sind nur einige Beispiele für Erlebnisse, die das Leben im Internat Schloss Rohlstorf bereichern und die letztlich wichtige Bestandteile unserer Pädagogik darstellen.

Zwei Beispiele sollen veranschaulichen, was Erlebnispädagogik im Internat Schloss Rohlstorf sein kann.

Zunächst der Bericht über eine Freizeit am Himmelfahrtswochenende 2007:

Ein Segeltörn nach Dänemark

Die Freizeit fängt bei Regen und Sturm an. Jan und Jonas kämpfen am ersten Abend mit Übelkeit. Regen und Wind peitscht uns von vorn um die Ohren. Erst in der Dunkelheit erreichen wir den Hafen von Damp. Erschöpft fallen alle in die Kojen. Am nächsten Morgen sind alle um 7.30 Uhr auf den Beinen. Die Windvorhersage stellt keine Besserung in Aussicht. Nur der Regen ist weg. Also kämpfen wir uns gegen einen NW-Wind mit fünf bis sechs Beaufort vor nach Dänemark. Erst am Abend gegen 21.00 Uhr erreichen wir den Hafen Mommark auf der dänischen Insel Als. Dort treffen wir am nächsten Morgen die anderen aus der Jugendherberge. (Angela ist mit drei Schülern über Land unterwegs und ich bin mit drei Schülern über Wasser unterwegs). So machen wir mit allen einen Tagesausflug auf die benachbarte Insel Aarö. Heute haben wir ausnahmsweise keinen Starkwind, so dass es keine Probleme bereitet, mit acht Leuten zu segeln. Auf Aarö unternehmen wir eine Bustour zur Hafenstadt Aarösköbing, die durch ihre schöne Altstadt besticht. Abends segeln wir dann wieder zur Insel Alsen zurück, wo sich der eine Teil der Gruppe wieder in die Jugendherberge verabschiedet. Am nächsten Tag, dem Samstag, segeln wir nach Sonderborg. Schon wieder haben wir Sturmböen von vorn zu erwarten, so dass auch dieser Törn ein intensiver Ritt durch die See wird. In Sonderborg erwarten uns schon die Jugendherbergler. Ein Teil der Schüler unternimmt einen Ausflug in die Stadt, die anderen segeln noch ein Stück den Alsfjord hoch und wieder zurück. Abends treffen wir uns alle gemeinsam in der Jugendherberge und veranstalten einen Grillabschiedsabend. Den Sonntag verbringt Angelas Gruppe im Danfoss-Museum und der andere Teil segelt mit mir zurück nach Kiel. Heute bleiben wir ausnahmsweise vom Sturm befreit. Mit mäßigem Wind und viel Sonne erreichen wir gegen 19.30 Uhr unseren Heimathafen in Kiel.

Alle sind hoch zufrieden mit der Reise. Besonders die Segler sind begeistert und fragen direkt nach dem nächsten Törn. Die Kinder haben vor allem durch die stürmischen Tage viel seemännisches Wissen erworben. Ich denke, dass erlebnispädagogische Elemente, von denen wir in der Einladung gesprochen haben, wie Teamgeist, Verantwortung, Grenzerfahrung, Motivation und Qualifikation voll zur Geltung kamen.

Das Tun, diese Maxime begleitet, wie gezeigt, ständig unser Handeln, kann in der Pädagogik nur dann seinen ganzen Wert entfalten, wenn es von den Pädagogen auch reflektiert wird. Zu den vielfältigen pädagogischen Wirkungen solcher Segelprojekte, die im Internat Schloss Rohlstorf sehr beliebt sind, äußert sich der Rohlstorfer Internatspädagoge Karl Wehrmann folgendermaßen:

Ein Segeltörn ist hervorragend geeignet, um die persönliche und soziale Entwicklung von Kindern und Jugendlichen zu fördern (natürlich unter der Voraussetzung einer angemessenen fachlichen und pädagogischen Betreuung). Bei einer Segelfahrt werden nicht nur navigatorische Kenntnisse wie die Arbeit mit Zirkel und Seekarte erworben und von den Schülern umgesetzt, sondern das Medium Schiff gibt Jugendlichen die Chance, starke Persönlichkeiten zu werden. Vor allem die Entwicklung sozialer Kompetenzen wird auf solch einer Schiffsreise begünstigt. Denn an Bord ist alles miteinander verzahnt, jeder ist auf den anderen angewiesen. Allein lässt sich ein größeres Segelboot nur schwer segeln. In der Regel hat jeder seine Stärken und diese wird der Kapitän zu nutzen versuchen. So bekommt jeder einen ihm angemessenen Aufgabenbereich an Bord, für den er dann verantwortlich ist. Zudem eignen sich Jugendliche Fertigkeiten an Bord schnell an, die es ihnen dann ermöglichen, Verantwortung zu übernehmen. Die Grenzerfahrungen auf dem Schiff erfordern Mut und Motivation und schweißen eine Gruppe zusammen, beispielsweise beim gemeinsamen Durchstehen eines Sturmes oder beim Segeln bei Nacht. Es gibt viele weitere Situationen, in denen Grenzerfahrungen erlebt werden können.

Dabei beginnt das Lernen nicht erst an Bord, denn eine Schiffsreise muss, real wie im geschützten Raum einer pädagogischen Einrichtung, gut geplant werden. Der Tagesablauf muss strukturiert sein. Navigationsinstrumente müssen ihren festen Platz haben wie alle anderen Dinge an Bord auch – im entscheidenden Augenblick, etwa wenn sich der Wind dreht oder ein Hindernis auftaucht, bleibt möglicherweise keine Zeit zum Suchen.

Ein Segeltörn fördert zudem die Handlungs- und Lernmotivation. Sie entsteht aus der aktiven Rolle jedes Einzelnen von selbst. An Bord muss gehandelt werden, sonst wird man nicht segeln können. In Situationen wie Sturm oder bei schwierigen Hafenmanövern muss jeder Einzelne angemessen reagieren. Solche Erfahrungen führen zu Erkenntnissen, prägen fürs Leben und werden Gesprächsstoff für lange Zeit sein. Das ist Abenteuer aus erster Hand.

Ein Westernreitkurs übers Wochenende im Januar 2008:

Das Programm startete mit einer theoretischen Anleitung, denn die wenigsten Kinder hatten bereits Reiterfahrung oder wussten etwas über Pferde und über einzelne Rassen. Nun erfuhren die Teilnehmer etwas über die Westernreitweise, über eine Pferderasse für ungeübte Reiter, sie eigneten sich ein Grundwissen zum Umgang mit den Tieren und über das Zubehör an und dann ging es an die Pferde. Die Kinder durften die Tiere erst einmal selber putzen – was bei dem schlechten Wetter an jenem Wochenende im Januar einiges an Arbeit bedeutete! Dann wurde, zur Sicherheit immer noch vom Boden aus, geübt, wie man die Pferde im Schritt und Trab führt, wie man stoppt und wie man ein Pferd dazu bewegt, rückwärts zu gehen.

Nach einer Mittagspause wurde zum ersten Mal aufgesessen. Hierfür bildeten die Kinder Zweierteams, die gemeinsam für ein Pferd verantwortlich waren. So konnte derjenige, der das Pferd am Halfter führte, den Reitenden vom Boden aus unterstützen und es wurden die verschiedenen Übungen vom Morgen wiederholt. Abschließend kam dann jeder für sich an die Longe, wo in Schritt und Trab genauer am richtigen entspannten Sitz geübt wurde.

Am nächsten Tag hatten die Kinder die Möglichkeit, sich an der Round-Pen-Arbeit zu beweisen. Hierbei läuft das Pferd frei und der Mensch versucht mit Hilfe seines Körperausdrucks, seiner Bewegung und seiner Position zum Pferd diesem deutlich zu machen, was er von ihm will. So kann er es entweder vor sich hertreiben, stoppen oder in die andere Richtung wenden. Diese Arbeit zeigt einem sehr deutlich, wie glaubwürdig man in bestimmten Signalen und auch in seiner Körpersprache ist, denn es wird unmittelbar klar, wie viel Einfluss man damit hat. Hier musste Piet lernen, ruhiger und entspannter zu werden, damit das Pferd nicht völlig hektisch wurde, wogegen Anjuna lernen musste, energischer und mit mehr Spannung und Überzeugung an das Pferd ranzugehen. Sie war davon sehr fasziniert und wollte gar nicht mehr aufhören.

Im Anschluss ging es nach dem schon selbstverständlich gewordenen Putzen und Satteln wieder an die Longe, um das am Vortag Erlernte zu festigen.

Nachmittags war es dann endlich so weit, dass alle auch selbständig aus der Halle reiten durften und konnten. Die meisten schafften es sogar, die Pferde im Trab zu lenken und ohne Hilfe wieder durchzuparieren, ohne zu stoppen. Krönender Abschluss war ein Besuch in Frau Henselers Laden, wo Sättel, Zaumzeug, Sporen und Stiefel bestaunt wurden.

Abschied und Aufbruch ins selbständige Leben

„Die Schule hat nur ein großes Ziel: sich selbst entbehrlich zu machen, das Leben und das Glück an Stelle des Systems und des Schemas herrschen zu lassen." Dieser schon zitierte Satz von Ella Key gilt selbstverständlich auch für das Internat. Aber vielleicht mehr als in der Schule ist der Abschied vom Internat Schloss Rohlstorf immer auch von zwiespältigen Gefühlen begleitet – bei den Jugendlichen wie auch bei den Pädagogen und übrigen Mitarbeitern und bei mir als Internatsleiterin.

In den Gedanken und Gefühlen, die in diesem besonderen Moment hochkommen, verdichten sich einige sehr wichtige Aspekte dessen, was das Internat Schloss Rohlstorf ausmacht. Ich möchte darum zum Abschluss dieses Buches etwas von so einem Abschied vermitteln.

Liebe Schüler, liebe Internatsabgänger, es ist so weit, jetzt kommt der eher wehmütige Teil unseres Festes, die Verabschiedung.

Ein chinesisches Sprichwort sagt: „Selbst ein Weg von tausend Meilen beginnt mit dem ersten Schritt." Diesen ersten Schritt in ein neues Leben werdet ihr jetzt tun, denn eure Internatszeit ist beendet und vor Euch liegt ein neuer aufregender Lebensabschnitt.

Wir hoffen, dass ihr das Internat Schloss Rohlstorf mit einem lachenden, aber auch mit einem weinenden Auge verlasst und uns in guter Erinnerung behaltet. Auch wir werden vertraute Gesichter und liebgewonnene Chaoten vermissen und uns mit der Hoffnung begnügen, dass ihr auch ohne uns auskommen werdet.

Ich möchte euch heute einen Spruch des ersten Präsidenten der USA, von George Washington mit auf den Weg geben: „Der Erfolg wird nicht so sehr an der Position gemessen, die man im Leben erreicht, als an den Hindernissen, die man überwunden hat im Bemühen erfolgreich zu sein.“

Glück ist allein der innere Friede. Lerne ihn finden. Du kannst es. Überwinde dich selbst, und du wirst die Welt überwinden.

Und noch etwas möchte ich euch aus meiner eigenen Erfahrung mit auf den Weg geben: In zwanzig Jahren werdet ihr euch mehr über die Dinge ärgern, die ihr nicht getan habt, als über solche, die ihr getan habt.

Werft eure Bedenken über Bord, verlasst den sicheren Hafen, versucht nicht den Wind zu ändern, sondern lieber die Segel richtig zu setzen, wagt, träumt, entdeckt ...

In diesem Sinne wünsche ich euch alles Gute, Erfolg aber vor allem Glück für eure Zukunft.

Das Ritual der Verabschiedung von Jugendlichen des Internats Schloss Rohlstorf findet jedes Jahr im Spiegelsaal statt, im Beisein aller Internatsmitglieder, Eltern, Verwandten und Freunde, welche in einem großen Halbkreis aus Stühlen zusammensitzen. Jeder zu verabschiedende Jugendliche wird einzeln aufgerufen und kommt unter dem Beifall der Gemeinschaft zu mir nach vorne.

Auch die 21-jährige Sabine ist heute unter denen, die uns verlassen. Sie hat im Sommer ihr Abitur erfolgreich bestanden und will im Herbst Medien- und Kommunikationswissenschaften studieren. Ich überreiche Sabine im Namen aller einen Internatspullover und die junge Frau, die sich früher durch teure Markenkleidung von anderen abzugrenzen suchte, ist darüber sichtlich gerührt. Als weitere Geschenke erhält Sabine ein Jahrbuch mit Fotos von allen Internatsschülern und ein Buch, in dem die Internatsschüler Texte, Gedichte und Sprüche für sie zusammengetragen haben.

Die Verabschiedung eines Internatsjugendlichen stimmt mich froh und traurig zugleich. Wenn ein ehemaliger „Schulversager“ seinen Schulabschluss macht, wenn ein orientierungsloser Jugendlicher seine Talente entdeckt und entwickelt, wenn ein todtrauriger Jugendlicher wieder fröhlich ist, freuen sich die Vertreter des Internats über diese Erfolge. Sie sind aber auch ein klein wenig traurig, wenn sie feststellen, dass sie ihre Aufgabe erfüllt haben und der junge Mensch in die weite Welt entlassen werden kann. Viele besuchen uns später noch hin und wieder und wir empfangen sie sehr gerne, aber wir sind natürlich kein „Hotel Mama“, und der volljährige ehemalige Internatsbewohner muss registrieren, dass sein „Kinderzimmer“ mittlerweile von einem anderen bewohnt ist.

Mit etwa sechzig Internatsjugendlichen ist die Schülerschaft im Internat Schloss Rohlstorf noch recht überschaubar und ich konnte zu fast jedem Jugendlichen, der eine längere Zeit bei uns weilte, eine persönliche Beziehung entwickeln. Und ich habe die Erfahrung gemacht, dass es sich kaum vermeiden lässt, dass mir die einzelnen Jugendlichen im Laufe der Zeit ans Herz wachsen. Besonders wenn es einem Jugendlichen schlecht geht oder er sich in einer schwierigen Situation befindet, leide ich häufig mit und nehme dies in manchen Fällen sogar intensiv auf der Gefühls- und Körperebene wahr. Vielleicht ist dies ein Fehler. Doch ich glaube, dass es eine notwendige Folge unserer Pädagogik der Beziehung ist – von einem Burn-out-Syndrom fühle ich mich jedenfalls bisher nicht bedroht. Das liegt sicher auch daran, dass es bei uns in Rohlstorf deutlich mehr pädagogische Erfolgs- als Misserfolgsgeschichten gibt.

Die Geschichten von Anjuna, Christian, Oliver und Sabine, die hier erzählt wurden, sind Beispiele solcher Erfolgsgeschichten. Selbstverständlich kommt es bei uns auch vor, dass die Entwicklung eines Jugendlichen trotz aller Bemühungen nicht so günstig verläuft, wie wir es uns wünschen. Kein Wunder, denn wir nehmen hier auch Jugendliche auf, die von allen anderen Institutionen bereits aufgegeben wurden.

Manchmal ist es auch so, dass ein Jugendlicher sein Zimmer im Internat verlassen muss, obwohl er von einer weiteren Förderung durch das Internat noch sehr profitieren könnte. Bei den vom Jugendamt vermittelten Jugendlichen ist es rechtlich so festgelegt, dass eine Heim- beziehungsweise Internatserziehung nach Vollendung des 18. Lebensjahrs nicht mehr vom Jugendamt finanziert wird. Eine weitere Förderung durch das Internat kann dann aber dadurch ermöglicht werden, dass der junge Volljährige beim Jugendamt einen Antrag auf junge Erwachsenenhilfe stellt. Wenn dem Antrag stattgegeben wird, kann er oder sie eine eigene Wohnung in einem dafür vorgesehenen Nebengebäude auf dem Internatsgelände beziehen oder eine Wohnung in der näheren Umgebung anmieten. Das Jugendamt übernimmt dann die Kosten für die Miete sowie Essens- und Bekleidungsgeld. In einem solchen Arrangement kann sich der ehemalige Internatsjugendliche eine selbständige Lebensführung aneignen, gleichzeitig ist durch die räumliche Nähe zu den Internatsbetreuern eine weitere Unterstützung möglich. Der Umfang und die inhaltliche Ausgestaltung wird dann je nach individuellem Bedarf ausgehandelt und über pädagogische Fachleistungsstunden abgerechnet.

Der 19-jährige Jacob ist ein solcher ehemaliger Rohlstorfer Internatsjugendlicher, der die Möglichkeit eines langsameren Wegs in die Selbständigkeit nutzt. Jacob wohnt nun seit einem halben Jahr in einer Wohnung auf dem Internatsgelände, führt hier seinen Haushalt und strukturiert seinen Tagesablauf. Nur das frühe Aufstehen fällt ihm immer noch ein bisschen schwer, obwohl er das ja eigentlich lange genug im Internat geübt hat. Die Unterstützung vom Internat will Jacob im Moment noch nicht missen:

Auch wenn ich momentan gut alleine klarkomme: Ich weiß halt immer, dass da jemand da ist, an den ich mich wenden kann, wenn ich mal Hilfe brauche. Das finde ich sehr beruhigend, zumal ich ja ein sehr emotionaler Mensch bin. Vor einiger Zeit musste ich beispielsweise einen Bafög-Antrag stellen. Da ich so wenig Ahnung von Behördengängen habe, habe ich dann einen Termin mit Thorben (Anm.: Erzieher im Internat) gemacht, und wir sind die Sache gemeinsam durchgegangen, und das war für mich dann sehr hilfreich.

In einem Gespräch erzählt mir Jacob, dass er leider immer noch nicht wisse, was er einmal beruflich machen solle:

Ach, es ist leider immer noch so! Alle meine Mitschüler scheinen ihren Weg irgendwie bereits gefunden zu haben, aber ich überlege schon seit Jahren und es ist immer dieselbe Antwort: Ich weiß nichts! Meine Freundin, meine Freunde, meine Betreuer im Internat und meine Mutter meinen es alle gut und machen mir immer Vorschläge, aber ich kann mich bisher einfach nicht entscheiden. Dabei habe ich ja sehr viele Interessen: Musik, Psychologie, Geschichte oder Kunst etwa ...

„Aber das ist doch wirklich toll! Ich kann mich noch gut an dich erinnern, wie du zu uns ins Internat kamst ...“, entgegnete ich ihm. Und Jacob stimmt mir zu:

Verglichen mit damals beschäftige ich mich heute eher mit Luxusproblemen. Das hat alles in Hamburg auf dem Gymnasium angefangen. Meine Leistungen waren eigentlich gut, aber mit der Zeit kam einfach dieses Gefühl von „null Bock auf Schule“. Ich hatte einfach keine Lust mehr zu lernen. Vielleicht hängt das auch damit zusammen, dass mein Vater damals nach langer Krankheit verstorben ist. Ich habe dann die Schule oft geschwänzt, einfach weiter geschlafen oder irgendwas anderes gemacht. Das hat sich soweit gesteigert, dass ich dann schon ein halbes Jahr gefehlt habe in der Schule. Man hat mir dann gesagt, dass es so nicht weitergeht und ich „nicht mehr tragbar“ sei. Da hat man mir dann quasi die Pistole auf die Brust gesetzt und mir gesagt: entweder Berufsvorbereitungsjahr oder Internat!

„Und warum hast du dich dann entschieden, zu uns zu kommen?", frage ich.

Hm, eigentlich konnte ich mir gar nichts unter einem Internatsleben vorstellen, hatte keine Idee, was es mir anbieten könnte. Aber ich habe mir vom Internat mehr Perspektiven erhofft und das hat sich dann auch bestätigt. Mit der Zeit habe ich hier alles kennengelernt und habe gesehen, dass mir hier geholfen werden kann und wird. Nach ein paar Monaten im Internat habe ich auch Margit kennengelernt, das war sicherlich auch ein Halt für mich.

Ja, ohne das Internat hätte ich heute wohl überhaupt nicht die Möglichkeiten, die mir die Berufsfindung nun so schwierig machen. Es ist ja auch nicht so, dass mich das so stark belastet, dass ich unglücklich bin. Die meiste Zeit hier im Internat bin ich ziemlich glücklich gewesen, und auch jetzt geht es mir gut.

Ich bin sicher, dass Jacob bald herausfinden wird, wohin sein Weg gehen soll – und wenn der erste Weg, den er einschlägt, auch nicht gleich zu einem Ziel führt, so wird er doch gewiss die Kraft und die Fähigkeit in sich spüren, die Richtung zu korrigieren, um mehr und mehr von seinen Potenzialen entfalten zu können.

Es ist meine feste Überzeugung, dass Bildungsinstitutionen sich aktiv darum bemühen müssen, dazu beizutragen, dass Kinder und Jugendliche glücklich und zufrieden sind, und die Eltern mit dieser wichtigen Aufgabe nicht allein gelassen werden dürfen. Und dies meine ich nicht nur deshalb, weil anhaltendes Unglücklichsein die schulische Lernmotivation und Entwicklung der Persönlichkeit stark beeinträchtigen kann.

Der Rohlstorfer Lernberater Professor Karl Kluge hat mir in einem Gespräch einmal gesagt, dass er dafür wäre, ein Schulfach namens „Glück" einzuführen. Auch wenn wir damals nicht vertieft haben, wie das Fach

„Glück“ konkret in der Schule vermittelt werden könnte, glaube ich, dass die Frage „Wie führe ich ein glückliches und erfülltes Leben?“ im klassischen Schulsystem sehr stiefmütterlich behandelt wird. Es gibt Schulfächer wie Philosophie, Religion, Ethik oder Psychologie, die sich mit dieser Frage beschäftigen, aber sie tun dies nur in Teilaspekten und in einer eher abstrakten Weise, so dass die Schüler das Gelernte kaum gewinnbringend auf das eigene Leben anwenden können.

Eine zentrale Voraussetzung für ein glückliches Leben ist meiner Ansicht nach, dass Kindern und Jugendlichen Zeit gegeben wird, sich selbst und ihre Interessen und Talente ohne Druck von außen zu entdecken.

Oder, um noch einmal Mr Keating im *Club der toten Dichter* zu zitieren: dass sie den Tag nutzen können, um aus ihrem Leben etwas Außergewöhnliches zu machen. Jeder Jugendliche hat dabei einen anderen inneren Rhythmus: Die einen finden ihren Weg früh, andere brauchen etwas länger. Gerade hochbegabten Jugendlichen oder Jugendlichen mit vielfältigen Interessen und Begabungen fällt es oft schwer, sich frühzeitig auf eine bestimmte Sache festzulegen. In diesem Sinne hielte ich es auch für falsch, jemanden wie Jacob zu einer frühzeitigen Festlegung auf ein bestimmtes Berufsziel zu drängen, da er sich offensichtlich noch in einer Orientierungsphase befindet.

Jacob schaut zuversichtlich in seine Zukunft, obwohl er noch kein klares Bild von ihr hat:

Es ist ja nicht so, dass ich überhaupt keine Ziele habe. Ich will jetzt erst einmal die Fachhochschulreife erlangen und nach Möglichkeit auch das Abitur machen. Was danach kommt, steht in den Sternen. Aber ich habe ja noch genug Zeit, um zu wachsen, zu lernen und mich zu entwickeln.

„Über den Wolken muss die Freiheit wohl grenzenlos sein“, kommt mir noch einmal in den Sinn. Die Lust am

Lernen und den Drang zur Entfaltung der eigenen Potenziale zu erwecken, einen ständigen kreativen Prozess der Neugierde in jungen Menschen anzuregen – ihre Flammen zu entzünden, das sollte meiner Meinung nach das erste Ziel von Bildung und Erziehung sein.

Anmerkungen

Ich danke Robert Keiner für seine sorgfältige Mitarbeit bei der wissenschaftlichen Recherche für dieses Buch.

Leben lernen. Schule und Bildung im 21. Jahrhundert

1 Vgl. Oerter, Rolf & Montada, Leo (1998). Entwicklungspsychologie. Ein Lehrbuch (4. Auflage). Weinheim: Beltz.
2 Rousseau, Jean-Jacques (1998), Emile oder über die Erziehung. Ditzingen: Reclam. Hervorhebung durch die Autorin.
3 Kluge, Karl-J. (2005). Unveröffentlichte Expertise für das Internat Schloss Rohlstorf.
4 Wolf, Katrin (2005). E-Futurum. Ein hybrides Lernarrangement. Unveröffentlichte Magisterarbeit, Magdeburg, sowie Burow, Olaf-Axel & Erdmann, Johannes Werner (2008). Arbeit und Bildung in der Wissensgesellschaft. Wie und warum sich Bildungsinstitutionen radikal wandeln müssen. http://www.oase.udk-berlin.de/~erdman. Stand 20.1.2009.
5 Neill, Alexander Sutherland (2007). Theorie und Praxis der antiautoritären Erziehung (47. Auflage). Reinbek: Rowohlt.
6 Bueb, Bernhard (2006). Lob der Disziplin. Eine Streitschrift. Berlin: List.
7 Rantzau, Annette von (2006). Was wissen wir über hervorragende Internatssysteme? Hamburg (unveröffentlichtes Manuskript).
8 Hentig, Hartmut von (2003). Die Schule neu denken. Weinheim: Beltz.

9 Doerry, Martin & Thimm, Katja. „Disziplin ist das Tor zum Glück". In: Der Spiegel 37/2006.

10 Fölling-Albers, Maria (1996). Veränderte Kindheit – Neue Aufgaben für die Grundschule. In: Haarmann, Dieter (Hrsg.): Handbuch Grundschule. Allgemeine Didaktik: Voraussetzungen und Formen grundlegender Bildung, Band 1 (3. Auflage). Weinheim: Beltz. (In der Folge wird von den Befragten nur in der weiblichen Form gesprochen, da hauptsächlich Frauen an Grundschulen unterrichten, dies soll die Stimmen der Lehrer jedoch mit einschließen.)

11 Statistisches Bundesamt (2008). Bevölkerung und Erwerbstätigkeit www.destatis.de.

12 Schneewind, Klaus A. (1998). Scheidung. In: Oerter, Rolf & Montada, Leo (Hrsg.): Entwicklungspsychologie. Ein Lehrbuch.

13 Bohrhardt, Ralf (2000). Familienstruktur und Bildungserfolg. In: Zeitschrift für Erziehungswissenschaft, 2000.

14 Fölling-Albers, Maria (2001). Veränderte Kindheit – revisited. Konzepte und Ergebnisse sozialwissenschaftlicher Kindheitsforschung der vergangenen 20 Jahre. In: Fölling-Albers u. a. (Hrsg.): Jahrbuch Grundschule III. Frankfurt am Main: Kallmeyer.

15 Buhren, Claus G, Witjes, Winfried & Zimmermann, Peter (2002). Veränderte Kindheit und Jugend – Schwierigere Schülerinnen und Schüler? In: Rolff, Hans-Günter, Holtappels, Heinz G. & Klemm, Klaus (Hrsg.): Jahrbuch der Schulentwicklung Band 12. Weinheim: Juventa.

16 Medienpädagogischer Forschungsverbund Südwest (Hrsg.) (2006). Kinder und Medien – Computer und Internet. Baden-Baden.

17 Buhren, Witjes & Zimmermann. Veränderte Kindheit und Jugend.

18 Ebenda.

19 Ebenda.

20 Fölling-Albers, Veränderte Kindheit – revisited.

21 Medienpädagogischer Forschungsverbund Südwest, Kinder und Medien.

22 Meves, Christa. Jetzt ist die Zeit, da sich das Heil verbirgt. http://www.christa-meves.de.

23 Raff, Diethelm. Die Entmachtung der Familie. http://www.hausunterricht.org/html/hintergrund.html.
24 Bowlby, John (1975). Bindung. München: Kindler.
25 Meves, Christa. Um die Kinder muss es gehen. http://www.christa-meves.de.
26 Rauh, Hellgard (2008). Frühe Kindheit. In: Oerter, Rolf & Montada, Leo (Hrsg.): Entwicklungspsychologie. Ein Lehrbuch (6. Auflage). Weinheim: Beltz.
27 National Scientific Council on the Developing Child (Hrsg.) (2004). Young children develop in an environment of relationships. http://www.developingchild.net/pubs/wp.html.
28 Grossmann, Karin & Grossmann, Klaus E. (2004). Bindung – das Gefüge psychischer Sicherheit. Stuttgart: Klett-Cotta.
29 Buhren, Witjes & Zimmermann. Veränderte Kindheit und Jugend.
30 Clarke-Stewart, K. Alison (1998). Qualität der Kinderbetreuung in den Vereinigten Staaten von Amerika. In: Fthenakis, Wassilios E. & Textor, Martin R. (Hrsg.): Qualität von Kinderbetreuung: Konzepte, Forschungsergebnisse, internationaler Vergleich. Weinheim: Beltz.
31 Ebenda.
32 Belsky, Jay; Vandell, Deborah Lowe; Burchinal, Margaret; Clarke-Stewart, K. Alison; McCartney, Kathleen & Owen, Margaret Tresch (2007). The NICHD Early Child Care Research Network. Child Development 78.
33 Ebenda.
34 Klapan, Anita (1999). Lernen im Schülerheim. Grundlagen der Internatspädagogik. Frankfurt am Main: Lang.
35 Döpfner, Manfred (2002). Hyperkinetische Störungen. In: Petermann, Franz (Hrsg.). Lehrbuch der klinischen Kinderpsychologie. Göttingen: Hogrefe.
36 Kluge, Karl-J. (2007). Die Kluft zwischen Konzept und Praxis. Ein lösbares Problem für die Rohlstorfer Internatspädagogen. Vom Modell zur exzellenten Realität. Unveröffentlichte Expertise.
37 Zametkin, Alan J. & Ernst, Monique (1999). Current Concepts: Problems in the Management and Treatment of Attention Deficit Hyperactivity Disorder. New England Journal of Medicine, 340 (1) 40–48.
38 Döpfner. Hyperkinetische Störungen.

39 Weltgesundheitsorganisation (2008). Internationale Klassifikation psychischer Störungen ICD-1. Bern: Huber.

40 Vgl. hierzu auch Vgl. Hentig, Hartmut von (2007). Bewährung: Von der nützlichen Erfahrung, nützlich zu sein. Weinheim: Beltz.

41 Zwar betreffen die in der Diskussion genannten Beispiele hauptsächlich Jugendliche und noch nicht die Grundschulkinder, deren Verhalten oben als erstes Indiz für den sogenannten „Erziehungsnotstand“ herangezogen wurde, doch ließe sich unschwer zeigen, dass die Argumentation hier von einer allmählichen Dramatisierung früh angelegter Probleme handelt.

42 Hurrelmann, Klaus & Albert, Mathias (2006). Jugend 2006. 15. Shell Jugendstudie: Eine pragmatische Generation unter Druck. Bielefeld: Fischer.

43 Arnold, Rolf (2007). Aberglaube Disziplin. Antworten der Pädagogik auf das „Lob der Disziplin“. Heidelberg: Carl Auer.

44 Bueb, Lob der Disziplin.

45 Cookson Jr., P. W., & Hodges Persell, Caroline (1985). Preparing for Power. American's elite boarding schools. New York: Basic, sowie Hartmann, Michael (2004). Elitesoziologie. Eine Einführung. Frankfurt am Main: Campus.

46 Rousseau, Jean-Jacques (1986). Vom Gesellschaftsvertrag oder Grundsätze des Staatsrechts. Ditzingen: Reclam.

47 Rousseau. Vom Gesellschaftsvertrag.

48 Vgl. Arnold, Aberglaube Disziplin.

49 Hentig, Hartmut von & Mayer, Susanne (2003). Gebt den Kindern das Beste. Euch. Eure Zeit. In: Die Zeit 49/2003.

50 Vgl. Ehlers, Fiona (2007). Die Weltverbesserungsanstalt. In: Der Spiegel 19/2007.

51 Krowatschek, Dieter (2007). ADS und ADHS. Materialien für Gruppentherapie in Schule und Therapie. Dortmund: Verlag Modernes Lernen.

52 Lukesch, Helmut, Perrez Meinrad, Schneewind, Klaus (Hrsg.) (1980). Familiäre Sozialisation und Intervention. Bern: Hans Huber.

53 Schneewind, Klaus, Beckmann Michael & Engfer, Anette (1983). Eltern und Kinder. Stuttgart: Kohlhammer.

54 Vgl. FRIEDRICH II., König von Preußen (2006). Historische, militärische und philosophische Schriften, Gedichte und Briefe. Köln: Anaconda, sowie SALCHER, Andreas (2008). Der talentierte Schüler und seine Feinde. Salzburg: Ecowin.
55 TAYLOR, Frederic (1977). Die Grundsätze wissenschaftlicher Betriebsführung. Weinheim: Beltz.
56 WATTS, Steven (2006). The people's tycoon. Henry Ford and the American Century. New York: Vintage Books.
57 Im Kapitel „Lernbegleitung und selbstgesteuertes Lernen" werden ausführlich die Verfahren vorgestellt, mit denen wir im Internat Schloss Rohlstorf gemeinsam mit den Schülern daran arbeiten, dass ihr Lernen effizient und für sie sinnvoll wird.
58 COMMITEE ON INTEGRATING THE SCIENCE OF EARLY CHILDHOOD DEVELOPMENT (Hrsg.) (2000). From neurons to neighborhoods. Washington: National Academies Press.
59 CUI, M., YANG, Y., ZHANG, J., HAN, H., MA, W., LI, H., MAO, R., XU, L., HAO, W., CAO, J. (2007). Enriched environment experience overcomes the memory deficits and depressive-like behavior induced by early life stress. In: Neuroscience Letters 404. 208–212.
60 NATIONAL SCIENTIFIC COUNCIL ON THE DEVELOPING CHILD (Hrsg.) (2004). Young children develop in an environment of relationships. http://www.developingchild.net/pubs/wp.html.
61 Vgl. COMMITEE ON INTEGRATING THE SCIENCE OF EARLY CHILDHOOD DEVELOPMENT (Hrsg.) (2000). From neurons to neighborhoods. Washington: National Academies Press.
62 KUHL, Julius (2001) Motivation und Persönlichkeit. Interaktionen psychischer Systeme. Göttingen: Hogrefe.
63 COMMITEE ON INTEGRATING THE SCIENCE OF EARLY CHILDHOOD DEVELOPMENT (Hrsg.) (2000). Growing up in Child Care. In: From neurons to neighborhoods. Washington: National Academies Press.
64 FÖLLING-ALBERS, Veränderte Kindheit.
65 INGLEHART, Ronald (1998). Modernisierung und Postmodernisierung. Frankfurt am Main: Campus.
66 NOELLE-NEUMANN, ELISABETH (1985). Politik und Wertewandel. In: Geschichte und Gegenwart, 1, 3–15.
67 KLAGES, Helmut (2001). Werte und Wertewandel, in: SCHÄ-

FERS, Bernhard & ZAPF, Wolfgang (Hrsg.): Handwörterbuch zur Gesellschaft Deutschlands (2. Auflage). Opladen: Leske + Budrich.

68 HURRELMANN & ALBERT, Jugend 2006.

69 SCHULZE, Gerhard (1992). Die Erlebnisgesellschaft: Kultursoziologie der Gegenwart. Frankfurt am Main: Campus.

70 HURRELMANN & ALBERT, Jugend 2006.

71 HURRELMANN, Klaus & ALBERT, Mathias (2002). Jugend 2002. 14. Shell Jugendstudie. Frankfurt am Main: Fischer.

72 AUTORENGRUPPE BILDUNGSBERICHTERSTATTUNG (Hrsg.) (2008). Bildung in Deutschland 2008. Bielefeld: Bertelsmann.

73 Ebenda.

Gute Lehrer und Gemeinschaften als Basis einer gelungenen Erziehung

74 Der Film *Der Club der toten Dichter* (*Dead Poets Society*) in der Regie von Peter Weir und nach dem Drehbuch von Tom Schulman kam 1989 in den USA in die Kinos. Zitate sind der deutschen Synchronfassung entnommen.

75 BARBER, Michael & MOURSHED, Mona. How the world's best-performing school systems come out on top. McKinsey & Company.

76 Die Forscher hatten drei Gruppen von Schulsystemen für ihre Untersuchung ausgewählt: Solche, die bei der weltweit vergleichenden PISA-Studie besonders gut abgeschnitten hatten, Schulsysteme in Ländern, die unlängst große Veränderungen in Gang gesetzt hatten, um ihr Schulsystem zu reformieren, sowie einige Schulsysteme in Ländern, die sich aktuell in einer rapiden wirtschaftlichen Entwicklung befinden und große Bevölkerungen schulisch zu versorgen haben. Das deutsche Schulsystem wurde nicht untersucht.

77 („Das Niveau eines Lehrers in Hinblick auf *literacy*, gemessen in Wortschatz- und anderen standardisierten Tests, hat mehr Einfluss auf die Fortschritte der Schüler als jede andere messbare Eigenschaft eines Lehrers.") BARBER und

Mourshed zitieren in ihrer Studie eine Untersuchung des NCTQ, Increasing the Odds. How good policies can yield better teachers.

78 Pisagoras. Bei ihm kapiert jeder Mathe. In: Die Zeit Online 27/2007.

79 http://deutscher-lehrerpreis.org.

80 Ben jij een Zorro voor de klas? In: Klasse voor Leraren 157, 1.9.2005.

81 Irlenhäuser, Sandra (2004). Die heimlichen Weltmeister. In: Die Zeit 52/2004.

82 Kretschmer, Winfried (2007). Selbst gelernt hält besser (ein Gespräch mit Rolf Arnold). In: ChangeX 10.7.2007.

83 Vgl. Kraus, Josef (1997). Die hohe Politik der hohlen Phrasen. http://www.lehrerverband.de/phrasen.htm.

84 Mummert & Partner (1999). Untersuchung zur Ermittlung, Bewertung und Bemessung der Arbeitszeit der Lehrer und Lehrerinnen im Land Nord-Rhein-Westfalen. Zusammenfassung. http://www.callnrw.de/php/lettershop/download/837/download.pdf.

85 Schönwälder, H.-G., Berndt, J., Ströver, F., Tiesler G. (2003). Belastung und Beanspruchung von Lehrern. Bremerhaven: NW-Verlag.

86 Frydrich, Gabriele (1999). Wozu brauchen wir eigentlich Lehrer??? http://www.gew-bremerhaven.de/wozu.html.

87 Kahl, Reinhard (2003). Überfordert, allein gelassen, ausgebrannt. In: Spiegel Online 18.3.2003.

88 Kretschmer, Selbst gelernt.

89 Borsche, Lorenz (2002). PISA-Studie: Das Fiasko der Forscher. www.borsche.de.

90 Hentig, Schule neu denken.

91 Oerter, Rolf & Dreher, Eva (2008). Jugendalter. In: Oerter, Rolf & Montada, Leo (Hrsg.) Entwicklungspsychologie (6. Auflage). Weinheim: Beltz.

92 Borsche, Fiasko der Forscher.

93 Deutsches PISA-Konsortium (Hrsg.) (2001). PISA 2000. Basiskompetenzen von deutschen Schülern und Schülerinnen im Vergleich. Opladen: Leske + Budrich.

94 Lehrl, Siegfried (2005). PISA – ein einfacher Intelligenztest. In: Geistig Fit 1/2005. 3–6.

95 Rindermann, Heiner (2006). Was messen internationale Schulleistungsstudien? In: Psychologische Rundschau 57 (2). 69–86.
96 Vgl. Oerter, Rolf & Montada, Leo (1998). Entwicklungspsychologie. Ein Lehrbuch (4. Auflage). Weinheim: Beltz.
97 Weiss, Volkmar (2005). Bildung oder Gene? Die PISA-Tests als gigantische IQ-Testreihe. In: Eigentümlich frei, 54, 42–45.
98 Fölling-Albers, Veränderte Kindheit.
99 Vgl. Senge, Peter, Lucas, Timothy & Dutton, Jannis (2000). Schools that learn. New York: Random House.
100 Ratzki, Anne (2005). Heterogenität – Chance oder Risiko. Eine Bilanz internationaler Schulerfahrungen. Antrittsvorlesung am 26.1.2005 an der Universität Paderborn. http://www.netzwerk-heterogenitaet.de.
101 Ratzki, Heterogenität. Nach einer Studie von Hofstede sind Japan, die angelsächsischen Länder oder Österreich Länder mit einem ausgeprägt maskulinen Wertesystem („Big-is-beautiful"), die skandinavischen Länder oder die Niederlande dagegen eher durch feminine Werte gekennzeichnet. Vgl. Hofstede, Geert (2001). Culture's Consequences – Comparing Values, Behaviors, Institutions, and Organizations Across Nations (2. Auflage). London: Thousand Oaks.
102 Reh, Sabine (2005). Warum fällt es Lehrerinnen und Lehrern so schwer, mit Heterogenität umzugehen? Historische und empirische Deutungen. In: Die Deutsche Schule 97, 2, 76–86.
103 Kraus, Josef (2008). Bildungsgerechtigkeit als ideologische Krücke für Gleichmacherei. http://www.lehrerverband.de/gerecht.htm.
104 Deutsches PISA-Konsortium, PISA 2000.
105 Ratzki, Heterogenität.
106 Reh, Warum fällt es ...
107 Ratzki, Heterogenität.
108 Ebenda.
109 Ebenda.
110 Ebenda.
111 Ebenda.
112 Ebenda.

113 Vgl. Gonschorek, Gernot (1979). Erziehung und Sozialisation im Internat. Ziele, Funktionen, Strukturen und Prozesse komplexer Sozialisationsorganisationen. München: Minerva.

114 Ebenda.

115 Gonschorek, Internat.

116 Gonschorek, Internat, sowie Schröteler, Josef (1940). Die Erziehung in den Jesuiteninternaten des 16. Jahrhunderts. Freiburg im Breisgau: Herder.

117 Kalthoff, Herbert (1997). Wohlerzogenheit. Eine Ethnographie deutscher Internatsschulen. Frankfurt am Main: Campus.

118 Müller-Kohlenberg, Hildegard (1994). Sozialpädagogische Institutionen. In: Roth, Leo (Hrsg.): Pädagogik. Handbuch für Studium und Praxis. München: Ehrenwirth.

119 Vgl. Eickhorst, Annegret (1994). Freie Schulen und ihre pädagogischen Konzeptionen. In: Roth, Leo (Hrsg.): Pädagogik. Handbuch für Studium und Praxis. München: Ehrenwirth.

120 Kalthoff, Wohlerzogenheit.

121 Ebenda.

122 Plake, Klaus (1991). Reformpädagogik. Wissenssoziologie eines Paradigmenwechsels. Münster: Waxmann.

123 Kalthoff, Wohlerzogenheit.

124 Lietz, Hermann (1918). Die ersten drei Deutschen Land-Erziehungs-Heime zwanzig Jahre nach der Begründung. Ein Versuch ernsthafter Durchführung deutscher Schulreform. Veckenstedt am Harz: Verlag des Land-Waisenheims an der Ilse.

125 Hahn, Kurt (1958). Erziehung zur Verantwortung. Stuttgart: Klett.

126 Kalthoff, Wohlerzogenheit, zitiert: Lietz, Hermann (1935). Lebenserinnerungen. Weimar: Hermann Lietz-Verlag.

127 Gonschorek, Internat.

128 Kalthoff, Wohlerzogenheit.

129 Ebenda.

130 Bauer, Herbert (1961). Zur Theorie und Praxis der ersten deutschen Landerziehungsheime. Erfahrungen zur In-

ternats- und Ganztagserziehung aus den Hermann-Lietz-Schulen. Berlin: Volk und Wissen.

131 Zitiert in GONSCHOREK, Internat.

132 GONSCHOREK, Internat.

133 SCHÄFER, Walter (1979). Deutsche Landerziehungsheime in der demokratischen Gesellschaft. In: GOLDSCHMIDT, Dietrich & RÖDER, Peter Martin (Hrsg.). Alternative Schulen. Stuttgart: Klett. Vgl. auch EICKHORST, Freie Schulen.

134 Vgl. hierzu oben, das Kapitel „‚Lob der Disziplin'?".

Progressive Pädagogik in der Praxis: Das Internat Schloss Rohlstorf

135 GROSSE, Angela (2004). Ein Schloss zum Lebenlernen. In: Hamburger Abendblatt, 4.9.2004.

136 KLUGE, Karl-J. (2007). Die Kluft zwischen Konzept und Praxis. Ein lösbares Problem für die Rohlstorfer Internatspädagogen. Vom Modell zur exzellenten Realität. Unveröffentlichte Expertise.

137 SKINNER, Burrhus Frederic (2002). Walden Two – die Vision einer besseren Gesellschaft. München: FiFa.

138 Es soll nicht unerwähnt bleiben, dass beim schwedischen und dem in Bremen praktizierten Modell die Zusammensetzung der Schülergruppen hinsichtlich sozialer Herkunft, Alter, Leistungsvoraussetzungen und weiterer Aspekte sehr viel heterogener ist als an der „elitären" Phillips Exeter Academy.

139 Vgl. RANTZAU, Annette von; KLUGE, Karl-J.; PETERS-MOALLEM, Susanne (2005). Die Rohlstorfer Internats-Pädagogik. Ansätze einer Kompetenz-Pädagogik. In: RANTZAU, Annette von & KLUGE, Karl-J. (Hrsg.). Hochbegabte können *mehr*. Viersen: Verlag Humanes Lernen.

140 KAHL, Reinhard (2004). Treibhäuser der Zukunft. Wie Schulen in Deutschland gelingen. Weinheim: Beltz.

141 RANTZAU, KLUGE, PETERS-MOALLEM, Rohlstorfer Internatspädagogik.

142 BOWLBY, Bindung.

143 KLUGE, Konzept und Praxis.

144 Zitiert in KALTHOFF, Wohlerzogenheit.

145 Etwa vierzig Prozent unserer Privatschüler kennen die Erfahrung der Scheidung der Eltern. Ungefähr vierzig Prozent der „Jugendamtskinder“ fielen bereits durch aggressive oder kriminelle Verhaltenstendenzen auf, davon die Hälfte durch Gewalt gegen Personen. Bei ungefähr zwanzig Prozent der „Jugendamtskinder“ und fünfzehn Prozent der Privatschüler wurde ADHS diagnostiziert.

146 KAHL, Reinhard (2002). Lustvolles Lernen im Futurum. In: Zeit online 7/ 2007.

147 Vgl. KAHl, Reinhard (2004). Wände einreißen und Vertrauen schaffen. In: Süddeutsche Zeitung, 24.5.2004.

148 Vgl. KLATTE, Maria; MEIS, Markus, NOCKE, Christian & SCHICK, August (2002). Akustik in Schulen: Könnt ihr denn nicht zuhören?! In: Einblicke Nr. 35: Carl von Ossietzky Universität Oldenburg.

149 Vgl. KAHL, Reinhard (2007). Zauberworte der Bildung. In: Zeit online, 25.5.2007.

150 ZÖNNCHEN, Christiane (2006). Kurt Hahn und die Schule Schloss Salem. München: GRIN.

151 Vgl. WIECHMANN, Tomke (2006). Erlebnispädagogik im Internet. Versuch einer systematischen Recherche. Zeitschrift für Erlebnispädagogik, Juni 2006.

152 Vgl. GÜNTNER, Hans Dieter (1987). Korsika – oder „Wie man Pädagogik vermeidet“. Sonderdruck aus: Unsere Jugend, 1987, Heft 8, 10, 11.

Verwendete Literatur

AHNERT, Lieselotte (Hrsg.) (2004). *Frühe Bindung. Entstehung und Entwicklung.* München: Verlag Ernst Reinhardt.

ARNOLD, Rolf (2007): *Aberglaube Disziplin. Antworten der Pädagogik auf das „Lob der Disziplin“.* Heidelberg: Carl Auer.

ARNOLD, Rolf & GOMEZ TUTOR, Claudia (2007). *Grundlinien einer Ermöglichungsdidaktik.* Augsburg: Ziel.

ARNOLD, Rolf (2007). *Ich lerne, also bin ich.* Heidelberg: Carl-Auer.

AUTORENGRUPPE BILDUNGSBERICHTERSTATTUNG (Hrsg.) (2008). *Bildung in Deutschland 2008.* Bielefeld: Bertelsmann.

BARBER, Michael & MOURSHED, Mona. *How the world's best-performing school systems come out on top.* McKinsey & Company.

BAUER, Herbert (1961). *Zur Theorie und Praxis der ersten deutschen Landerziehungsheime. Erfahrungen zur Internats- und Ganztagserziehung aus den Hermann-Lietz-Schulen.* Berlin: Volk und Wissen.

BELSKY, Jay; VANDELL, Deborah Lowe; BURCHINAL, Margaret; CLARKE-STEWART, K. Alison; MCCARTNEY, Kathleen & OWEN, Margaret Tresch (2007). The NICHD Early Child Care Research Network. *Child Development* 78.

Bembe, H. (1952). *Inwieweit entspricht Internatserziehung den Entwicklungsgesetzen des Jugendalters?.* München: Dissertation.

BOHRHARDT, Ralf (2000). *Familienstruktur und Bildungserfolg*. In: Zeitschrift für Erziehungswissenschaft, 2000. S. 203.

BORSCHE, Lorenz (2002). *PISA-Studie: Das Fiasko der Forscher*. www.borsche.de.

BOWLBY, John (1975). *Bindung*. München: Kindler.

BRONTE, Charlotte(1998). *Jane Eyre*. München: Dtv.

BRUMLIK, Micha (2007). *Vom Missbrauch der Disziplin. Antworten der Wissenschaft auf Bernhard Bueb*. Weinheim: Beltz.

BUEB, Bernhard (2006). *Lob der Disziplin.Eine Streitschrift*. Berlin: List.

BUHREN, Claus G., WITJES, Winfried & ZIMMERMANN, Peter (2002). *Veränderte Kindheit und Jugend - Schwierigere Schülerinnen und Schüler?*. In: ROLFF, Hans-Günter, HOLTAPPELS, Heinz Günter & KLEMM, Klaus (Hrsg.): Jahrbuch der Schulentwicklung Bd. 12. Weinheim: Juventa.

BUROW, Olaf-Axel & ERDMANN, Johannes Werner (2008). *Arbeit und Bildung in der Wissensgesellschaft. Wie und warum sich Bildungsinstitutionen radikal wandeln müssen*. www.udk-berlin.de.

CLARKE-STEWART, K. Alison (1998). *Qualität der Kinderbetreuung in den Vereinigten Staaten von Amerika*. In: FTHENAKIS, Wassilios Emmanuel & TEXTOR, Martin R. (Hrsg.): Qualität von Kinderbetreuung: Konzepte, Forschungsergebnisse, internationaler Vergleich. Weinheim: Beltz.

COOKSON Peter W. & PERSELL, Caroline Hodges (1985). Preparing for Power. American's elite boarding schools. New York: Basic.

COMMITEE ON INTEGRATING THE SCIENCE OF EARLY CHILDHOOD DEVELOPMENT (Hrsg.) (2000). *From neurons to neighborhoods*. Washington: National academies press.

CUI, M., YANG, Y., ZHANG, J., HAN, H., MA, W., LI, H., MAO, R., XU, L., HAO, W. & CAO, J. (2007). Enriched environment experience overcomes the memory deficits and depressive-like behavior induced by early life stress. In: Neuroscience Letters 404:208–212.

DAHL, Roald (1997). *Matilda.* (10. Auflage). Reinbek: Rowohlt.

DEUTSCHES PISA-KONSORTIUM (Hrsg.) (2001). *PISA 2000. Basiskompetenzen von deutschen Schülern und Schülerinnen im Vergleich.* Opladen: Leske + Budrich.

DICKENS, Charles (1991). *Nicholas Nickleby* (2. Auflage). Frankfurt am Main: Insel.

DÖPFNER, Manfred (2002). *Hyperkinetische Störungen.* In: Franz Petermann (Hrsg.): Lehrbuch der klinischen Kinderpsychologie. Göttingen: Hogrefe.

DOERRY, Martin & THIMM, Katja. *„Disziplin ist das Tor zum Glück“.* In: Der Spiegel 37/2006.

EHLERS, Fiona (2007). *Die Weltverbesserungsanstalt.* In: Der Spiegel 19/2007.

EICKHORST, Annegret (1983). *Alternativschule*n In: Ehrenwirth-Grundschulmagazin Grundschulmagazin, 1983, 10, 2.

EICKHORST, Annegret (1994). *Freie Schulen und ihre pädagogischen Konzeptionen.* In: ROTH, L. (Hrsg.): Pädagogik. Handbuch für Studium und Praxis. München: Ehrenwirth.

FÖLLING-ALBERS, Maria (1995). Schulkinder heute. Auswirkungen veränderter Kindheit auf Unterricht und Schulleben (2. Aufl.). Weinheim: Beltz.

FÖLLING-ALBERS, Maria (1996). *Veränderte Kindheit - Neue Aufgaben für die Grundschule.* In: HAARMANN, Dieter (Hrsg.): Handbuch Grundschule. Allgemeine Didaktik: Vorraussetzungen und Formen grundlegender Bildung, Band 1 (3. Auflage). Weinheim: Beltz.

FÖLLING-ALBERS, Maria (2001). Veränderte Kindheit - revisited. Konzepte und Ergebnisse sozialwissenschaftlicher Kindheitsforschung der vergangenen 20 Jahre. In: Fölling-Albers, Maria; Richter, Sigrun; Brügelmann, Hans & Speck-Hamdan, Angelika (Hrsg.): Jahrbuch Grundschule III. Frankfurt am Main: Kallmeyer.

Friedrich II., König von Preußen (2006). *Historische, militärische und philosophische Schriften, Gedichte und Briefe.* Köln: Anacond.

Goethe, Johann Wolfgang von (2004). *Goethes Gedichte in zeitlicher Abfolge in einem Band.* Frankfurt am Main: Insel.

Gonschorek, Gernot (1979). *Erziehung und Sozialisation im Internat. Ziele, Funktionen, Strukturen und Prozesse komplexer Sozialisationsorganisationen.* München: Minerva.

Grosse, Angela (2004). *Ein Schloss zum Lebenlernen.* In: Hamburger Abendblatt, 4.9.2004.

Grossmann, Karin & Grossmann, Klaus E.(2004). *Bindung - das Gefüge psychischer Sicherheit.* Stuttgart: Klett-Cotta Verlag.

Güntner, Hans Dieter (1987). *Korsika - oder „Wie man Pädagogik vermeidet".* Sonderdruck aus: Unsere Jugend, 1987, Heft 8, 10, 11.

Hahn, Kurt (1958). *Erziehung zur Verantwortung.* Stuttgart: Klett.

Hartmann, Michael (2004). *Elitesoziologie. Eine Einführung.* Frankfurt am Main: Campus.

Hentig, Hartmut von (1966). *Kurt Hahn und die Pädagogik.* In: Röhrs, Hermann: Bildung als Wagnis und Bewährung. Heidelberg: Quelle & Meyer.

Hentig, Hartmut von (2003). *Die Schule neu denken.* Weinheim: Beltz.

Hentig, Hartmut von (2003). *Keine Angst vor Kindern.* In: Die Zeit 42/2003.

Hentig, Hartmut von & Mayer, Susanne (2003). *Gebt*

den Kindern das Beste. Euch. Eure Zeit. In: Die Zeit 49/2003.

HENTIG, Hartmut von (2007). Bewährung: *Von der nützlichen Erfahrung, nützlich zu sein.* Weinheim: Beltz.

HESSE, Hermann (2007). *Unterm Rad* (17.Auflage). Frankfurt am Main: Suhrkamp.

HOFSTEDE, Geert (2001). *Culture's Consequences - Comparing Values, Behaviors, Institutions and Organizations Across Nations.* (2. Auflage). London: Thousand Oaks.

HURRELMANN, Klaus, ALBERT, Mathias (2002). *Jugend 2002. 14. Shell Jugendstudie.* Frankfurt am Main: Fischer.

HURRELMANN, Klaus, ALBERT, Mathias (2006). *Jugend 2006. 15. Shell Jugendstudie: Eine pragmatische Generation unter Druck.* Bielefeld: Fischer.

INGLEHART, Ronald. (1998): *Modernisierung und Postmodernisierung.* Frankfurt am Main: Campus.

IRLENHÄUSER, Sandra (2004). *Die heimlichen Weltmeister.* In: Die Zeit 52/2004.

JEAL, Tim (2007). *Baden-Powell.* Yale university press.

KAHL, Reinhard (2002). *Lustvolles Lernen im Futurum.* In: Zeit online 7/2007.

KAHL, Reinhard (2003). *Überfordert, allein gelassen, ausgebrannt.* In: Spiegel online 18.3.2003.

KAHL, Reinhard (2004). *Wände einreißen und Vertrauen schaffen.* In: Süddeutsche Zeitung, 24.5.2004.

KAHL, Reinhard (2004). *Treibhäuser der Zukunft. Wie Schulen in Deutschland gelingen.* Weinheim: Beltz.

KAHL, Reinhard (2007). *Zauberworte der Bildung.* In: Zeit online, 25.5.2007.

KALTHOFF, Herbert (1997). *Wohlerzogenheit. Eine Ethnographie deutscher Internatsschulen.* Frankfurt am Main: Campus.

KANNING, Uwe Peter (2005). *Soziale Kompetenz: Entstehung, Diagnose und Förderung.* Göttingen: Hogrefe.

KAPLAN, Anita (1999). *Lernen im Schülerheim. Grundlagen der Internatspädagogik.* Frankfurt am Main: Lang.

KLAGES, Helmut (2001): *Werte und Wertewandel.* in: SCHÄFERS, Bernhard & ZAPF, Wolfgang (Hrsg.): *Handwörterbuch zur Gesellschaft Deutschlands* (2. Auflage). Opladen: Leske + Budrich.

KLATTE, Maria; MEIS, Markus; NOCKE, Christian & SCHICK, August (2002). *Akustik in Schulen: Könnt ihr denn nicht zuhören?!.* In: Einblicke Nr. 35: Carl von Ossietzky Universität Oldenburg.

KLUGE, Jürgen (2003). *Schluss mit der Bildungsmisere.* Frankfurt am Main: Campus.

KLUGE, Karl-Josef & RANTZAU, Annette von (2005). *Hochbegabte können* mehr. Viersen: Humanes Lernen.

KLUGE, Karl-Josef (2007). *Die Kluft zwischen Konzept und Praxis. Ein lösbares Problem für die Rohlstorfer Internatspädagogen. Vom Modell zur exzellenten Realität.* Unveröffenliche Expertise.

KOSSAK, Hans-Christian (2006). *Lernen leicht gemacht.* Heidelberg: Carl Auer.

KRAUS, Josef (1997). *Die hohe Politik der hohlen Phrasen.* http://www.lehrerverband.de/phrasen.htm

KRAUS, Josef (2008). *Bildungsgerechtigkeit als ideologische Krücke für Gleichmacherei.* http://www.lehrerverband.de/gerecht.htm.

KRETSCHMER, Winfried (2007). *Selbst gelernt hält besser.* In: Change X vom 10.7.2007.

KROWATSCHEK, Dieter (2007). *ADS und ADHS. Materialien für Gruppentherapie in Schule und Therapie.* Dortmund: Verlag Modernes Lernen.

KUHL, Julius (2001). *Motivation und Persönlichkeit. Interaktionen psychischer Systeme.* Göttingen: Hogrefe.

LEHRL, Siegfried (2005). *PISA - ein einfacher Intelligenztest.* In: Geistig Fit 2005, 1, 3–6.

LIETZ, Hermann (1918). *Die ersten drei Deutschen Land-Erziehungs-Heime zwanzig Jahre nach der Begründung. Ein Versuch ernsthafter Durchführung deutscher Schulreform.* Veckenstedt am Harz: Verlag des Land-Waisenheims an der Ilse.

LIETZ, Hermann (1935). *Lebenserinnerungen.* Weimar: Lietz.

LIETZ, Hermann (1970). *Emlohstobba. Roman oder Wirklichkeit?.* In: LASSAHN (Hrsg): Hermann Lietz. Schulreform durch Neugründung. Paderborn: Schöningh.

LIETZ, Hermann (1970). *Die Erziehungsgrundsätze des Deutschen Landerziehungsheims.* In: LASSAHN (Hrsg): Hermann Lietz. Schulreform durch Neugründung. Paderborn: Schöningh.

LUKESCH, Helmut, PERREZ, Meinrad, SCHNEEWIND, Klaus (Hrsg.) (1980). *Familiäre Sozialisation und Intervention.* Bern: Hans Huber.

MEDIENPÄDAGOGISCHER FORSCHUNGSVERBUND SÜDWEST (Hrsg.) (2006). *Kinder und Medien - Computer und Internet.* Baden-Baden.

MEVES, Christa. *Jetzt ist die Zeit, da sich das Heil verbirgt.* http://www.christa-meves.de.

MEVES, Christa. *Um die Kinder muss es gehen.* http://www.christa-meves.de.

MÜLLER-KOHLENBERG, Herbert (1994). *Sozialpädagogische Institutionen.* In: ROTH, Leo (Hrsg.): *Pädagogik. Handbuch für Studium und Praxis.* München: Ehrenwirth.

MUSIL, Robert (2002). *Die Verwirrungen des Zöglings Törless.* (54. Auflage). Reinbek: Rowohlt.

NATIONAL SCIENTIFIC COUNCIL ON THE DEVELOPING CHILD (Hrsg.) (2004). *Young children develop in an environment of relationships.* http://www.developingchild.net/pubs/wp.html.

NATIONAL SCIENTIFIC COUNCIL ON THE DEVELOPING CHILD (Hrsg.) (2004). *Children's Emotional Development is*

Built into the Architecture of their Brain. http://www.developingchild.net/pubs/wp.html.

National Scientific Council on the Developing Child (Hrsg.) (2004). *Excessive Stress Disrupts the Architectue of the Developing Brain.* http://www.developingchild.net/pubs/wp.html.

National Scientific Council on the Developing Child (Hrsg.) (2004). *The Timing and Quality of Early Experiences combine to Shape the Architecture of the Brain.* http://www.developingchild.net/pubs/wp.html.

Neill, Alexander Sutherland (2007). *Theorie und Praxis der antiautoritären Erziehung* (47. Auflage). Reinbek: Rowohlt.

Noelle-Neumann, Elisabeth (1985). Politik und Wertewandel. In: Geschichte und Gegenwart, 1, 3–15.

Oerter, Rolf & Dreher, Eva (2008). Jugendalter. In: Oerter, Rolf & Montada, Leo (Hrsg.): Entwicklungspsychologie. Ein Lehrbuch (6. Auflage). Weinheim: Beltz.

Oerter, Rolf & Montada, Leo (1998). Entwicklungspsychologie. Ein Lehrbuch (4. Auflage). Weinheim: Beltz.

Oerter, Rolf & Montada, Leo (2008). Entwicklungspsychologie. Ein Lehrbuch (6. Auflage). Weinheim: Beltz.

Plake, Klaus (1991). *Reformpädagogik. Wissenssoziologie eines Paradigmenwechsels.* Münster: Waxmann.

Rantzau, Annette von; Kluge, Karl-J.; Peters-Moallem, Susanne (2005). *Die Rohlstorfer Internats-Pädagogik. Ansätze einer Kompetenz-Pädagogik.* In: Rantzau, Annette von & Kluge, Karl-J. (Hrsg.). *Hochbegabte können* mehr. Viersen: Verlag Humanes Lernen.

Rantzau, Annette von (2006). *Was wissen wir über hervorragende Internatsysteme?* (unveröffentlichtes Manuskript).

RATZKI, Anne (2005). *Heterogenität - Chance oder Risiko. Eine Bilanz internationaler Schulerfahrungen. Antrittsvorlesung am 26.1.2005 an der Universität Paderborn.* http://www.netzwerk-heterogenitaet.de.

RAUH, Hellgard (2008). *Frühe Kindheit.* In: OERTER & MONTADA, Leo (Hrsg.): *Entwicklungspsychologie. Ein Lehrbuch* (6. Auflage). Weinheim: Beltz.

REH, Sabine (2005). *Warum fällt es Lehrerinnen und Lehrern so schwer, mit Heterogenität umzugehen? Historische und empirische Deutungen.* In: Die Deutsche Schule 97, 2, 76–86.

RIEGEL, Enja (2005). *Schule kann gelingen! Wie unsere Kinder wirklich fürs Leben lernen. Die Helene-Lange-Schule in Wiesbaden.* Frankfurt am Main: Fischer.

Reich, Kersten (2006). *Konstruktivistische Didaktik* (3. Auflage). Weinheim: Beltz

RINDERMANN, Heiner (2006). *Was messen internationale Schulleistungsstudien?.* Psychologische Rundschau 57, 2, 69–86.

ROTH, Leo (1994). *Pädagogik. Handbuch für Studium und Praxis.* München.

ROUSSEAU, Jean-Jacques (1986). *Vom Gesellschaftsvertrag oder Grundsätze des Staatsrechts.* Ditzingen: Reclam.

ROUSSEAU, Jean-Jacques (1998). *Emile oder über die Erziehung.* Ditzingen: Reclam.

ROWLING, Joanne K. (2008). *Harry Potter.* Hamburg: Carlsen.

SCHÄFER, Walter (Hrsg.) (1963). *Schülermitverantwortung in den deutschen Landerziehungsheimen.* Stuttgart: Klett.

SCHÄFER, Walter (1964). *Das Selbstverständnis der Landerziehungsheime in Geschichte und Gegenwart und die Konsequenzen für die Zukunft.* In: Neue Sammlung, 4, 51–64.

SCHÄFER, Walter (1965). *Paul Geheeb. Mensch und Erzieher.* Stuttgart: Klett.

SCHÄFER, Walter (1979). *Deutsche Landerziehungsheime in der demokratischen Gesellschaft.* In: GOLDSCHMIDT, Dietrich & RÖDER, Peter Martin (Hrsg.): Alternative Schulen. Stuttgart: Klett-Cotta.

SCHNEEWIND, Klaus A. (1998). Scheidung. In: OERTER, Rolf & MONTADA, Leo (Hrsg.): *Entwicklungspsychologie. Ein Lehrbuch.* Weinheim: Beltz.

SCHNEEWIND, Klaus A., BECKMANN Michael & ENGFER Annette (1983). *Eltern und Kinder.* Stuttgart: Kohlhammer.

SCHÖNWÄLDER, H.-G., BERNDT, J., STRÖVER, F., TIESLER G. (2003). Belastung und Beanspruchung von Lehrern. Bremerhaven: NW-Verlag.

SCHRÖTELER, Josef (1940). Die Erziehung in den Jesuiteninternaten des 16. Jahrhunderts. Freiburg im Breisgau: Herder.

SCHULZE, Gerhard (1992). Die Erlebnisgesellschaft: Kultursoziologie der Gegenwart. Frankfurt am Main: Campus.

SENGE, Peter, LUCAS, Timothy & Dulton, Janis (2000). Schools that learn. New York: Random House.

SIEBERT, Horst (2006). Selbstgesteuertes Lernen und Lernberatung. Augsburg: Ziel.

SKINNER, Burrhus Frederic (2002). Walden Two – die Vision einer besseren Gesellschaft. München: FiFa.

STATISTISCHES BUNDESAMT (2008). Bevölkerung und Erwerbstätigkeit. www.destatis.de.

TAYLOR, Frederic (1977). Die Grundsätze wissenschaftlicher Betriebsführung, Weinheim: Beltz.

WALSER, Robert (2004). Jakob von Gunten. Ein Tagebuch. (14. Auflage). Frankfurt am Main: Suhrkamp.

WATTS, Steven (2006). The people's tycoon. Henry Ford and the American Century. New York: Vintage Books.

WEISS, Volkmar (2005). Bildung oder Gene? Die PISA-Tests als gigantische IQ-Testreihe. In: Eigentümlich frei, 54, 42–45.
WELTGESUNDHEITSORGANISATION (2008). Internationale Klassifikation psychischer Störungen ICD-10. Bern: Huber.
WIECHMANN, Tomke (2006). Erlebnispädagogik im Internet. Versuch einer systematischen Recherche. Zeitschrift für Erlebnispädagogik, Juni 2006.
WOLF, Katrin (2005). E-Futurum. Ein hybrides Lernarrangement. Magisterarbeit, Otto von Guericke Universität Magdeburg.

ZAMETKIN Alan J. & ERNST, Monique (1999). Current Concepts: Problems in the Management and Treatment of Attention Deficit Hyperactivity Disorder. New England Journal of Medicine, 340, 1, 40–48.
ZÖNNCHEN, Christiane (2006). Kurt Hahn und die Schule Schloss Salem. München: GRIN.

Passagen forum

Jacques Rancière

Der unwissende Lehrmeister
Fünf Lektionen
über die intellektuelle Emanzipation

1818 begann Joseph Jacotot, exilierter Revolutionär und Lektor für französische Literatur an der Universität Löwen, Panik im gelehrten Europa zu verbreiten. Nicht damit zufrieden, flämischen Studenten Französisch beigebracht, ohne ihnen eine einzige Lektion gegeben zu haben, lehrte er, worüber er unwissend war und proklamierte die Losung der intellektuellen Emanzipation: Alle Menschen haben die gleiche Intelligenz. Es handelt sich hierbei nicht um amüsante Pädagogik, sondern um Philosophie und, wenn man will, um Politik. Die Vernunft lebt nur von der Gleichheit. Die soziale Fiktion jedoch lebt nur von Rängen und ihrer unaufhörlichen Rechtfertigung. Die große Lektion von Jacotot ist, dass die Bildung wie die Freiheit ist: Sie wird nicht verliehen, sondern genommen. Sie wird den Monopolisten der Intelligenz, die auf dem Erklärthron sitzen, entrissen. Es genügt, sich selbst zu erkennen und in jedem anderen sprechenden Wesen dieselbe Fähigkeit anzuerkennen.